婚姻自由的宪法研究

Constitutional Research on Freedom to Marriage

邓静秋 著

公法文丛

法律出版社
LAW PRESS·CHINA
——北京

图书在版编目(CIP)数据

婚姻自由的宪法研究 / 邓静秋著. -- 北京 : 法律出版社, 2023
ISBN 978 - 7 - 5197 - 8218 - 4

Ⅰ. ①婚… Ⅱ. ①邓… Ⅲ. ①婚姻法 - 法制史 - 研究 - 中国 Ⅳ. ①D923.902

中国国家版本馆 CIP 数据核字(2023)第 153918 号

婚姻自由的宪法研究
HUNYIN ZIYOU DE XIANFA YANJIU

邓静秋 著

策划编辑 沈小英
责任编辑 常 锋
装帧设计 李 瞻

出版发行 法律出版社
编辑统筹 法治与经济出版分社
责任校对 张翼羽
责任印制 吕亚莉
经　　销 新华书店

开本 A5
印张 7.875　　字数 197 千
版本 2023 年 11 月第 1 版
印次 2023 年 11 月第 1 次印刷
印刷 北京中科印刷有限公司

地址:北京市丰台区莲花池西里 7 号(100073)
网址:www.lawpress.com.cn
投稿邮箱:info@lawpress.com.cn
举报盗版邮箱:jbwq@lawpress.com.cn
销售电话:010 - 83938349
客服电话:010 - 83938350
咨询电话:010 - 63939796

书号:ISBN 978 - 7 - 5197 - 8218 - 4　　定价:86.00 元

邓静秋

1989 年生，四川南充人。中国人民大学法学博士，美国凯斯西储大学法学硕士，纽约大学访问学者。现任北京外国语大学法学院讲师，北京市监察法学研究会副秘书长。

主要研究方向为宪法学、人权法学，在 CSSCI 来源期刊上发表论文多篇，出版专著《宪法宣誓制度》。

序

近日，邓静秋博士联系我，希望为她的第二本专著作序。她的第一本专著是《宪法宣誓制度》（江苏人民出版社 2017 年版）。当时，她还在中国人民大学攻读博士学位。2014 年 10 月，党的十八届四中全会审议通过的《中共中央关于全面推进依法治国若干重大问题的决定》提出，建立宪法宣誓制度。2018 年，宪法宣誓写入宪法，成为中国宪法文化的重要标志，也是使民众感悟宪法精神，让宪法走进民众日常生活的重要途径，自然引发社会各界的关注。邓静秋博士在收集中外学术文献的基础上，用一年多的时间写出了一本系统性地研究宪法宣誓制度的作品，也为她的博士生生活留下了美好的记忆。她对学术问题始终保持热情与兴趣，并深入探究具体制度以及制度运行背后的原理。获得博士学位后，她到高校任教，继续思考与研究博士论文相关的学术命题，并完善框架，结合这几年的学术研究，写出第二本学术著作《婚姻自由的宪法研究》。欣闻这本著作即将由法律出版社出版，作为导师感到欣慰，兹以写序的方式鼓励学生继续在学术研究道路上实现自己的理想，同时借此机会就有关学术问题与学生交流。

本书是邓静秋博士近年来从宪法学视角对婚姻家庭制度进行研究的阶段性成果，从历史、文本与实践三个维度，以我国《宪法》第49条婚姻自由的规范内涵的解释为主线，解读宪法中婚姻家庭条款的规范内涵及其链条，提炼相关规范背后的历史事实与价值共识，为我们全面理解中国婚姻家庭制度的宪法基础提供了整体学理框架与方法论，在一定程度上拓展了宪法与婚姻制度研究的领域。

本书注重从历史、文化与传统的视角审视宪法与婚姻制度的演变。婚姻家庭制度因其生长的本土性、内容的伦理性以及历史的传承性，成为中华法治传统的重要内容。从新中国成立以来的立法进程看，公民的婚姻家庭权利是新的国家政权最为重视的公民基本权利之一。新中国临时宪法——《共同纲领》第6条确立了男女平等原则，并规定“实行男女婚姻自由”。1950年新中国第一部《婚姻法》颁布，实现了向新的婚姻家庭秩序的转型。自1954年宪法制定以来，历部宪法都规定婚姻家庭制度，明确婚姻自由的基本原则。自改革开放以来，转型时期的社会变革对我国婚姻家庭制度带来新的挑战和深远影响，如婚姻自由的社会化及其限制、家庭形式的多样化、家庭成员权利的协调和政策保障等话题引发越来越多的关注和讨论。伴随法治在国家与社会治理中发挥越来越重要的作用，给国家、社会与个人关系，尤其是婚姻家庭关系,包括婚姻自由带来了新的变化。我们需要观察婚姻自由在当今世界面临的新问题,思考如何构建回应新变化、新挑战的学术范式与范畴。因此,从某种意义上,系统研究婚姻自由的规范、价值与实践具有特殊的意义。本书实际上回应了公众与学界对宪法上婚姻自由及其关联条款的关注,对其规范内涵和价值塑造所做的研究具有重要的实践价值。

本书以宪法文本为基础,对婚姻自由的内涵做了类型化、体系化的研究。始于文本,回到文本,以文本构建婚姻自由规范体系,并以解释方法提炼其内涵是本书的一大特色。婚姻自由以及婚姻家庭制度涉及历史、文化、伦理、经济等不同领域,同时涉及不同的学科。虽然研究对象相同,但不同学科有不同的范式与研究方法。因此,研究者需要具备一定的跨学科的知识背景,同时需要把问题纳入宪法学的范畴,使之成为"宪法学命题",突出专业性。作者既关注研究对象的"跨学科性",同时又把握其专业界限,能够自如地在不同知识范式中寻找合理的论据,使学术论证能够自我融洽,形成研究逻辑的融贯性。如作者细致地阐释了规范层面和制度层面婚姻自由的内涵与价值,在婚姻自由的表现形态、婚姻自由的实现与权利冲突、婚姻自由的规范要素与权利属性等方面提出了一些观点。对有些问题本书未能充分展开论证,但提出问题本身也是学术研究的重要价值,为学界提供新的素材与方法论意识。

本书研究的核心命题是我国宪法上的婚姻自由规范,其知识脉络也是中国历史上的家、家庭、婚姻以及婚姻自由等范畴。一方面,这些范畴是具有浓厚本土性的概念,需要自主性的知识体系的构建。另一方面,中国的婚姻家庭以及婚姻自由也是具有开放性、包容性的概念,需要研究者视角开阔,角度多元。作者具有较系统的比较宪法、外国宪法的知识背景，熟练掌握外语，并有国外访学研究经历，熟悉研究主题在国际上的发展以及学术前沿命题。在本书中，作者将婚姻自由这一命题放在广阔宏大的历史与国际视野之下，既重视对我国本土婚姻家庭制度传统的梳理，也注意与域外婚姻自由宪法规范的比较，对婚姻家庭这一人类社会的古老制度和生存智慧作了具有启发性的阐释。

宪法学是面向实践性的知识体系，学界不仅要立足当下，回应现实，还要解释现实的宪法问题，提供解决问题的可行方案。近年来，随着社会变革，在现实生活中出现了新的现象，值得学界研究。作者结合宪法中的婚姻家庭条款，敏锐地观察与婚姻、家庭相关的社会现象，力求探究其问题背后的学理，以客观、理性的学术态度，分析实践命题。如围绕"离婚冷静期"、生育政策、家庭教育立法等热点问题，本书运用宪法解释学方法进行的论证以及研究结论是有新意的。既回应了中国法治进程中的具体问题，又展现了作者较为扎实的理论功底与追求创新的研究能力。

当然，一本书所承载的研究内容以及论证方法不可能穷尽，再完整的学术框架与方法论也会留下一定的遗憾。像婚姻自由这样具有宏观性、综合性与复杂性的学术命题的研究，很难通过一本书完成其所有的学术命题。如婚姻自由与历史变迁之间的内在逻辑、宪法与婚姻法的不同社会功能、婚姻自由的宪法意涵与社会变迁、人口与婚姻自由以及社会正义与家庭之间的关系等，也是值得我们深入研究的学术命题。我希望并相信，邓静秋博士继续关注、研究与思考婚姻家庭的命题，并把相关研究进一步体系化，推出新的研究成果。

值此新书问世之际，亦祝愿邓静秋博士继续保持对学术的热爱,在学术研究道路上刻苦钻研,取得新的成绩。

是为序。

韩大元

中国人民大学法学院教授

2023 年 8 月 3 日

自　序

婚姻在人类社会不同历史阶段都具有不同功能，其本质意义也处于变化过程中。在中世纪的欧洲，婚姻被视为神的意志体现，受到宗教影响。而在中国古代社会，婚姻具有繁衍后代、祭祀先祖和承担经济生产的功能。国家为了巩固统治和促进社会安定而对其施加诸多干涉，强迫婚嫁以增加社会人口，完全漠视了婚姻中个人的意志。婚姻与自由价值的连接，是人类社会发展到一定历史阶段的产物。婚姻自由已经在越来越多国家的宪法实践中得到承认。宪法是人类社会对于国家和个人关系进行理性反思之后的产物，是具有价值秩序的规范系统，婚姻这种最具有基础意义的公共现象也应该成为其调整的对象，要将这一人类社会最古老的生活方式和生存智慧以根本法的形式加以延续。现代社会发展出尊重和维护人的尊严的宪法秩序。婚姻自由作为一项基本权利位列该框架秩序中,说明了该项权利内含着对于每一个人生存和发展所必要的重要价值,以及对于保护个人自由和尊严的基础意义,顺应了当代社会日益多元的发展趋势,具有整合共同体价值观的功能。

婚姻自由的观念在清末传入中国社会并被先觉者所接受,它成为反对封建专制和包办婚姻的尖锐武器。婚姻对于中国人的文化意义重大,它顺理成章地成为近代先觉者反思国家和民族命运的起点,婚姻自由被赋予了“强国保种”、培育和健全国民的悲壮色彩。革命根据地的立宪实践将婚姻自由的提倡与中国的妇女运动相结合,在近代的革命斗争、根据地建设和新中国的政治建构中发挥了重要作用。新中国成立初期,代行根本法之责的《共同纲领》规定了婚姻自由和对妇女权益的保护。以此为基础,新中国第一部法律——1950 年《婚姻法》颁布,全社会的婚姻制度改革运动由此而展开。国家将这场运动的意义提升至接近根本法制定的高度,赋予其政治动员、制度建构等深层次含义。这是新中国成立初期破旧立新,倡导婚姻自由、男女平等新观念的必然要求,也是消除封建残余,巩固新政权,完成国家建构的政治需要。1954 年《宪法》是《共同纲领》的发展,二者之间的延续性也体现在文本中婚姻自由与妇女解放的紧密联系上。在当代社会,婚姻自由具有独立的价值内涵和广泛的包容性。婚姻寄托着个体之间的情感,对于个人尊严和多元生活方式的维护具有重要意义。

我国现行《宪法》第 49 条规定了婚姻受国家的保护,禁止破坏婚姻自由。宪法上的婚姻概念,是指两个个体以共同生活为目的,以双方自愿为前提,并获得国家认可的基于情感的亲密结合。婚姻自由的权利主体是中华人民共和国公民、外国公民和无国籍人。未达到法定婚龄的公民,不能说没有婚姻自由,而是该项权利的行使主体或者得以主张该权利的行为能力由立法者具体化了。“禁止破坏婚姻自由”是一项禁止性规范,传递了防御性含义,要求“禁止”之后的主体,即除了婚姻自由权利主体之外的其他所有主体,包括国家、组织和其他人,不得为一定行为。如果以一种过程的视角来看待婚姻,那么婚姻包括了此种关系的建立、存续和终止,因而婚姻自由的保护范围贯穿整个婚姻从缔结到存续期间再到解除的全过程,即结婚自由、婚姻关系的存续和维持、双方个体权利的保护、离婚自由。“婚姻受国家的保护”意为国家要为婚姻提供保护,体现了婚姻自由内含的社会权属性。根据体系解释,“国家”是指《宪法》第三章的国家机构体系。这些国家机构作为一个整体,都属于“婚姻受国家的保护”中的“国家”的范畴,都负有保护婚姻的义务和责任。国家保护婚姻的方式主要是为其提供制度性保障、物质性给付、程序性保护和免受第三方的破坏等。

我国《宪法》第 49 条包括婚姻自由、家庭关系和国家对特定家庭成员的保护这三个方面的内容,因此对于婚姻自由内涵的理解应该放置于整个第 49 条的规范体系中,厘清婚姻自由与家庭关系、婚姻自由与保护特定家庭成员之间的关系。宪法中的家庭内涵具有包容性,除了包括传统基于婚姻、血缘和收养形成的家庭形式之外,婚姻和非婚形成的共同亲密生活都应该是家庭生活中的重要内容。家庭的核心价值应该是一种幸福生活的存在,最终要回归并服务于家庭中的每一个人。国家对于家庭的认识也应该逐步回到尊重个人选择、重拾家庭价值、充分发挥家庭在公民个人发展和国家整体秩序中的重要作用。《宪法》第 49 条第 3 款规定了公民的一般宪法义务,其内涵是“父母之慈子女之孝”。

此外,现实中多数家庭依然通过婚姻而形成,宪法明确各家庭成员之间的权利义务关系,履行国家对家庭整体以及家庭成员的保护义务,也是对作为基础关系的婚姻的保护。《宪法》第49条中有关保护母亲、儿童、老人、妇女等主体的规定体现了国家对于特定家庭成员的保护:一方面是对婚姻关系存续过程中双方主体的保护;另一方面也构成了对婚姻自由的限制。

我国现行法律规范对于婚姻自由的限制兼具内在限制和外在限制。婚姻自由的内在限制是单偶制。结合我国《宪法》序言中以马克思主义为指导思想的相关内容和第48条男女平等的规定进行体系解释,以及对历部宪法中婚姻、家庭相关内容进行历史解释,单偶制这种内在限制符合婚姻的本质要求和自然属性,以及婚姻形式的历史变迁过程。我国宪法和法律规定中,对于婚姻自由的外在限制主要包括基于特定公民主体身份的限制、基于其他公民合法权益的限制和基于社会公共利益的限制。对于这些外在限制,都需要结合当代社会中婚姻的内涵变迁,从形式方面和实质方面进行考量即分析婚姻自由限制的限制。

随着社会生活的发展和民众价值观念的变迁,无论是国际社会还是我国社会的婚姻家庭观念和家庭生活都发生了巨大变化,受到前所未有的挑战。婚姻家庭领域的多元化成为普遍趋势,生物科技发展对传统生活方式带来冲击,婚姻家庭的传统功能弱化,特定家庭成员的权利被忽视。婚姻制度本身和婚姻自由的宪法内涵面临诸多挑战,传统主流观念与新的价值理念并存,价值共识难以达成。在此背景下,强调婚姻家庭本身的伦理价值,注重婚姻家庭的团体性价值和功能,彰显关爱、责任和奉献理念的传统文化中的善良风俗和家庭美德,应该成为未来构建中国特色婚姻家庭制度的价值选择。

前　言

一、选题背景

本书以中国现行《宪法》中第49条为研究对象,核心论题是宪法文本中婚姻自由的规范内涵。

婚姻这一社会现象自古已有之,是多数人尊重并接受的生活方式,异性之间的结合是最常见的婚姻外在表现形式。婚姻是形成家庭最普遍的方式,既是社会的基本单元,又是个体的私人生活空间,也与下一代的教育和发展有关。从个体角度来讲,婚姻是两个人之间的结合,是彼此相伴的一个生活共同体。只要两个人有意愿在彼此之间形成紧密责任关系,就可进入婚姻,进而在相互的情感交流中,使每个人的自我人格都得以发展和完善。从社会角度来讲,透过婚姻所呈现出来的社会生活,例如社交场合、婚丧喜庆等公共或私人的场合等,都有事实上的不同效应,因而婚姻又不只是纯粹的私人事项,它还代表着一种社会承认与社交关系。所以婚姻关系的缔结和解除,都有公示的制度,或者公开的仪式。

婚姻是一种状态。一方面,它是双方主体的一项个人权利;另一方面,婚姻关系也会产生义务和责任,公民不会因为单纯进入婚姻就获得幸福。现代法治国家大多在宪法中规定了婚姻、家庭保障的条款,再由民法或者专门的婚姻家庭法对婚姻作出具体的定义,明确婚姻是一男一女之间的结合,多以生育下一代和种族繁衍为目标。婚姻的此种意义,是基于人类社会的历史、文化和宗教的综合观点而形成的。在这样的背景下,婚姻就不单纯是两个人之间事情,也并非单纯个体自由的实现,而是基于传统文化习俗建构的一项制度,关乎社会的整体发展和未来命运。

随着人类社会的变迁,婚姻的功能和形式已经发生很大变化。婚姻曾具有"合二姓之好,上以事宗庙,而下以继后世"的社会功能,在家国同构背景下巩固统治的政治功能,以及稳定私有财产继承秩序和进行生产消费的经济功能。到现代社会中,婚姻承载的主要功能是基于两个人的情感相吸而自愿结合形成稳定家庭。同时,婚姻的外在表现形式也发生很大变化。比如,结合形式的变化,已经有越来越多的国家建立非婚同居的法律制度,尽管其与婚姻并行,并没有被称为婚姻或者被纳入婚姻制度之内,但是其结构、法律效力都与婚姻相同。

在多元价值与科技演进的冲击下,传统意义上的婚姻、家庭,以及婚姻自由这项基本权利的内涵,难免受到影响甚至挑战。比如,婚姻虽然是大多数人的选择,但却不再是人们组成家庭的唯一方式,非婚生活方式广泛存在;科技发展带来的生殖辅助技术为生育与婚姻分离提供了更多的客观可能;婚姻自由的保护范围也不再被限缩在既有道德评价体系或者公序良俗的单一价值观中。同时,我们也看到这样一种状况,在市场经济理性行为逻辑的冲击和现代性因素的全面渗透下,婚姻在经济领域中成为财富集中再分配的方式。婚姻被物化,重新陷入了不自由之中,婚姻自由的价值内涵发生了错位。在追求个人幸福生活和体验自主浪漫婚姻的过程中,没有物质作为支撑的婚姻关系变得越来越不稳定,婚姻主体的多元化价值取向间出现冲突。当代社会现实生活中,面对多样化的生活方式以及婚姻家庭的新形式,有必要对既有的婚姻家庭概念和内涵重新加以审视和思考,既要重视传统婚姻或者家庭保障的观念,也需要在多元价值与宽容理念并存的当代社会,去斟酌和调整既有的概念内涵和规范体系,接纳新形式和新现象。

我国现行宪法规定了婚姻和家庭受国家的保护,还规定了"禁止破坏婚姻自由"。但宪法文本没有明确界定"婚姻"的内容,有关婚姻自由、家庭关系规定的内涵也不甚明确。比如,如何理解宪法中婚姻、家庭的含义,婚姻概念的核心要素包括哪些,婚姻自由的内涵为何,是否将婚姻与生育的功能自然联系在一起,婚姻与家庭之间是何种关系,宪法规定家庭成员之间的关系是何种目的和效力,宪法中的理想家庭图景应该是何种状态,如何在当代多元价值体系下保持婚姻、家庭内涵的开放性和持续演进的空间……对于这些问题的回答都还需要回到我国《宪法》第 49 条婚姻自由规范中,遵循历史发展规律和法律逻辑,进行类型化的分析。

宪法应当具有回应社会变迁的能力,现代宪法的各项原则与权利保护,需要具体落实在下位法中。经过历史长河的涤荡,婚姻概念的内涵和外延在各国都发生了巨大的转变。要准确把握婚姻、婚姻自由、婚姻权、家庭等相关概念的意涵,并认识围绕这些概念形成的规范性命题以及宪法学体系,就需要对婚姻的一般概念、本质及其历史变迁有所体察。宪法上对婚姻概念的界定,既要在内涵上反映该概念的本质属性,又要在外延上具有包容性。如果将对婚姻自由的保护限缩在传统的制度理解之下,则会受制于既有的伦理评价,而有桎梏或者僵化婚姻自由保障的嫌疑。因此,要梳理婚姻的一般概念及其变迁过程,以扬弃的视角总结各种学说对婚姻本质的认识,并将其置于宪法的规范框架中,明确宪法上婚姻概念的核心要素,使宪法中婚姻自由的规范内涵保持适度的开放性,这样才有助于了解和回应当代社会中各种新的诉求和新的现象,使婚姻自由的内涵保持持续演进的空间,进而保持社会现实与宪法规范的协调,充分体现时代精神。

二、选题意义

本书将中国《宪法》第 49 条婚姻自由规范作为研究主题,其理论意义和实践意义主要在于:

第一,从公法视角观察婚姻、家庭,形成跨学科的研究成果。一般认为婚姻、家庭等完全属于私法领域研究的内容,对于婚姻自由的关注也将其局限在婚姻家庭法的原则范围内。对此话题的研究具有比较明显的学科界限,将宪法与婚姻家庭法分离甚至对立起来,从公法视角的体系化的创新性成果比较少,综合性、跨学科研究不多。既已存在的研究又多囿于现实中出现的新情况、新问题,主要集中在策略方面的应对措施,对于原理性问题的梳理和挖掘还不够。本书拟从宪法学角度,对我国宪法上婚姻自由规范进行研究,并借鉴其他学科的研究成果,比如历史学、哲学、社会学,以及法学中的其他部门法学等多门学科,挖掘该命题的宪法原理与价值，拓展该研究领域。

第二，明确宪法文本中婚姻自由的规范内涵，为我国婚姻制度的完善提供宪法学原理的支撑。婚姻是家庭的形成途径之一，家庭是基本的社会单位，承担着一定的经济功能和社会功能。婚姻制度的建立和运行，意味着国家对公民婚姻自由的保障，也是国家对公民婚姻状况的监督和管理。婚姻关系的建立、存续以及解除，在一定程度上取决于国家意志，有着强烈的国家干预的色彩。这种公权力的介入，意在维护正常的婚姻秩序、家庭伦理和社会的公序良俗，确保婚姻这一制度的建立和运行符合社会公共秩序。探索和挖掘宪法上婚姻自由规范的内涵，并充分地吸收其他研究视角和方法，以期对该规范的解释能体现我国社会婚姻家庭的现状，符合当下中国国情和时代精神，客观地探究现行婚姻制度，强化婚姻制度的宪法基础。

第三，明确宪法上婚姻自由规范的核心价值，为社会现实提供价值指引。婚姻关系着公民个体的幸福，因为它涉及婚姻双方和子女的利益。社会的安定和国家的文明也离不开婚姻的稳定，因为家庭是社会的细胞，而婚姻又是形成家庭的主要途径。因此，婚姻所承载的重要功能是其他社会组织所不能替代的。但是现实中，婚姻观念和形态受到社会经济条件的影响，很多政策和婚姻挂钩，并涉及财产利益。以婚姻为单位的政策制定，需要考虑婚姻与其他制度以及各项行政手段之间存在的紧密联系，其他公共政策的不当设置，会造成宪法上的婚姻自由在现实中的价值错位，以及立法原意的虚置。如果以财富的力量支撑婚姻的质量，婚姻都是可以用来交易的，结果只会在现实生活中引发许多矛盾，带来诸多问题，影响社会的和谐与稳定。在不同的历史时期，婚姻制度都面临着一些过去未曾出现过或者被忽视的挑战和问题，这就需要在完善婚姻制度时，回归到作为根本法的宪法之中，探寻婚姻自由的宪法价值和意义，以回应现实中的诸多价值问题，使婚姻在利益充斥的社会中得到良性发展。

三、研究思路

本书从婚姻自由入宪的情况以及价值基础出发，回顾婚姻自由在中国社会的呈现和历史演进过程，围绕现行宪法文本中的婚姻自由规范，分析规范的基本内涵、体系化建构、限制以及限制的界限等基本问题，并对婚姻自由面临的当代挑战以及未来发展趋势作出预测性研究。首先，对世界各国宪法文本中有关婚姻内容的规定进行比较，形成对宪法上婚姻自由的形式理解，并分析婚姻自由入宪的价值基础。其次，阐述婚姻自由在不同历史时期的变迁过程，以及在我国宪法中的历史演进过程，以期为我国现行宪法上婚姻自由规范的客观解读和体系化建构，提供有益的历史基础。再次，立足于我国现行宪法文本，分析婚姻自由规范的基本内涵，并将婚姻自由置于《宪法》第 49 条整体框架之中，从整个婚姻和家庭的规范体系中来深化对婚姻自由内涵的理解。同时，基本权利规范内涵的分析需要兼顾其限制以及限制的合宪性，明确其限制的理论基础和宪法依据，为现实问题的解释提供相应的分析框架。最后，结合当下社会问题，运用前述理论研究结论回应婚姻家庭制度所面临的现实困境和应对策略。面向未来，笔者认为，应当坚持宪法对人的尊严的价值追求，并重视当代社会对婚姻家庭价值的维护，使对婚姻自由规范的解释保持适度的开放性，尊重并满足公民对美好生活的追求。

目录

第一章 婚姻自由入宪及其价值基础

人们在婚姻事务方面有无自我选择的空间，以及婚姻自由的实现程度，取决于所处的历史进程和一定的社会制度。因此，婚姻自由是人类社会发展到一定历史阶段的产物。婚姻自由强调双方主体的合意，即对于形成亲密生活关系并接受各项后果的合意。但是，在不同的历史时期，婚姻总会受到各种外界因素的干涉，作为婚姻主体的双方不能完全凭借自己的意志来掌控对于婚姻事项的选择和安排。人类社会经过长期的过程争取了个人自由和尊严，并以宪法这种根本法的形式将成果加以固定，其中就包括婚姻自由。本章回顾婚姻自由入宪，及其在宪法文本中的呈现形式和价值基础。回顾在古代东西方社会，婚姻因社会环境所囿而具备的不同功能，人们因此对于自己的婚姻事务缺乏自主决定的意识和能力。随着社会变迁，婚姻自由的观念逐渐萌发并发展成熟，由国家法律加以规范和保障，并最终上升至根本法层面，由宪法予以保障。

一、婚姻功能的演变

从发展轨迹来看，婚姻关系开始受到自然条件的约束，继而被氏族规则、体制、宗教伦理约束，进而这种约束成为一种习惯，一种文化。[①] 婚姻之所以会受到这些约束，是由于其在不同阶段所具备的功能所致。在奴隶社会和封建社会，实行包办、强迫婚姻，婚姻缔结和维持的主要目的是家族的利益，家长对于子女具有人身支配权和婚姻决定权。在中世纪的欧洲，婚姻是神的旨意。恩格斯指出，在古代社会婚姻大事由父母包办，真正要结婚的当事人只能顺从父母之意。所谓那一点夫妇之爱，只是婚姻的附加物，不是婚姻关系形成的必要基础。恩格斯进一步指出，在统治阶级内部，婚姻是以家族和政治势力之间的利益关系为基础的。比如，对于骑士、男爵或者王公来说，婚姻仅仅是一种政治行为，新的联姻是一次壮大和扩充自己所代表势力的绝佳机会。在此过程中，起决定作用的不是个人的主观喜好和个人意愿，而是家族的利益。[②] 当婚姻剥离了上述功能，真正成为满足双方个体感受而组成的亲密生活共同体时，婚姻自由才作为一项新的价值观念而产生，进而被确立为法律原则。

中国古代因为家国同构的特殊体制，婚姻大事以宗族、家族

---

① 参见杨凯：《从婚姻自由的角度谈同居现象的存在》，载《当代法学》2003 年第 1 期。

② 参见中共中央马克思恩格斯列宁斯大林著作编译局编译：《马克思恩格斯选集》（第 4 卷），人民出版社 2012 年版，第 87 ~ 89 页。

为本位,婚姻的主要功能是繁衍后代、祭祀先祖和组织生产。如此一来,个人意愿和情感便没有存在的空间。我国传统社会注重宗法伦常,强调家族的延续与祖先的祭祀,对婚姻主体双方的个人意愿与个体情感则较少关注。所谓"婚姻者,合二姓之好,上以祀宗庙,下以继后世也"①,就是对中国古代婚姻意义的表述和总结。这说明婚姻的目的与功能在于香火的延续和家族的传承,上以承先祖,供祭祀,对上实现对先祖的祭祀;则必下以继后,对下将祖辈的血脉传承。如果后代子嗣匮乏,则宗族血脉灭绝,对祖先的祭祀则因无人承担而落空。故孟子曰:"不孝有三,无后为大。"②因此,古代中国人的观念历来都是结婚是为了求得后续有人。《白虎通·嫁娶篇》讲:"人道所以有嫁娶何? ……重人伦,广祭祀也。"③可见婚姻不仅仅是当事人双方的个人行为,更是关乎两姓宗族利益的大事。男性不仅是为了个人娶妻,更是为其所在的宗族娶妇。

其一,婚姻的首要功能在于以生育为主的繁衍后代功能。宗法观念支配下的婚姻,是构成家族、扩展亲族的基础,以扩大家族和繁衍子孙为首要目的。④ 古代社会实行嫡长子继承制。所谓嫡长子是合法婚姻中的长子,先有婚姻而有夫妇,其后有子嗣,所以"继后世"就成为古代婚姻的首要目的。婚姻家庭的自然基础

---

① 《礼记·昏义第四十四》。转引自王文锦译解:《礼记译解》,中华书局2016年版,第943页。

② 《孟子·离娄上》。完整的表述是:"不孝有三,无后为大。舜不告而娶,为无后也。君子以为犹告也。"

③ 《白虎通》卷九《嫁娶篇》。《白虎通》向来被视为东汉白虎观经学会议之资料汇编,此书不仅是经学发展中之产物,更是当时上自天子、下迄儒生之学术共识,具有保存当时经学样貌之典范价值。

④ 参见陈鹏:《中国婚姻史稿》,中华书局2005年版,第7~8页。

是男女两性的结合,以及其后通过生育行为形成并扩大的血缘联系,其主要功能必然是促进人口的再生产。每一个微小的家庭都是组织生产、生活和教化后代人口的生育单位和生活单位。

其二,婚姻还具有祭祀先祖的功能。古代社会将祖先血脉的绵延不绝视为家族的头等大事,从祖辈个人角度来讲,后代不绝意味着自己逝后有人供奉缅怀。一家之权,统于父祖;子孙崇先报本,生养死葬。祭祀先祖是后辈寄托情感、绵延家族世代相传之学的重要仪式,体现了中国人追根溯源不忘来路的思想境界。祭祀活动往往由夫妻共同参与才算完整,所以结婚也是为了承担家族祭祀先祖的责任。有关祭祀仪典的记载数量众多,反映了中国古代社会对礼的重视。《礼记·礼器》曰:"君亲制祭,夫人荐盎。君亲割牲,夫人荐酒。卿大夫从君,命妇从夫人。"[①]《礼记·礼运》也言:"作其祝号,玄酒以祭……君与夫人交献,以嘉魂魄,是谓合莫。"[②]《朱子家礼·祭·四时祭》记载:"主任升,主妇从之……主人搢笏,主妇奉羹……主人奉鱼,主妇奉米食……"[③]《唐律疏议·户婚》规定:"妻者,传家事,承祭祀。"[④]这些记载表明,夫妻共同参加祭祀,各司其职,这是其对家族应当尽的义务。上至皇家后妃,下至民间妇人,无一例外,都要随夫参与祭祀,夫妻共承祖先,同奉宗庙。婚姻联结了男女双方,二者共同完成对先辈的祭祀。因而每个人完成婚姻大事也是为了履行对整个家

---

① 《礼记·礼器第十》。转引自王文锦译解:《礼记译解》,中华书局2016年版,第340页。

② 《礼记·礼运第九》。转引自王文锦译解:《礼记译解》,中华书局2016年版,第304页。

③ 《朱子家礼·祭·四时祭》。转引自郑春主编:《朱子〈家礼〉与人文关怀》,福建教育出版社2010年版,第73~76页。

④ 长孙无忌等撰:《唐律疏议》,刘俊文点校,中华书局1983年版,第256页。

族的责任和义务。

其三,繁衍后代和祭祀先祖之外,古代社会的婚姻还具有经济功能。家长制大家庭、家族和宗族集团是封建社会的基本组织细胞。中国古代社会长期以小农业和家庭手工业牢固结合的自然经济为基础,而家庭则是该经济形式下最小、最基本、最不可分割的生产单位。传统家庭,既是自给自足的经济单位,又是生活共同体。在当时较低生产力发展水平之下,家庭成员之间相互依存的程度很深,家庭结构相对稳定。这样的家庭具有很强的自我保护、自我修复功能,所有的家庭成员跨越好几代人,拥有抱团生存的巨大力量,保证家庭成员无劳动能力或者丧失劳动能力后,能够从家庭内的资源中获得依靠。在这样的家庭背景下,家庭成员结婚的基础是实用利益的结合,婚姻由长辈从大局出发来安排,只考虑家庭的需要和发展,当事人本人的兴趣和感情并不重要。

其四,随着近代以来个人解放和平等的实现,婚姻还具备了情感连接的功能,是双方基于感情和生活合意而形成亲密共同体。值得注意的是,如今隐藏在中国人婚姻背后的动机是多样的,包括养儿防老、继嗣、经济需求和情感需求等。[①] 上述传统婚姻的多重功能并没有随着时间流逝而消失,即便是在现代社会,婚姻依然存在这些基本功能,只是侧重有所不同,会更多地将婚姻视为个人事务,考虑个人的自由意志。比如,婚姻与生育活动不再捆绑在一起,现代社会出现很多丁克家庭,而且非婚生子女也会得到法律相应的保护。此外,婚姻所具有的组织经济生活的

---

① 参见金眉:《婚姻家庭立法的同一性原理——以婚姻家庭理念、形态与财产法律结构为中心》,载《法学研究》2017 年第 4 期。

功能不是中国古代社会所特有的,也并非现代化过程中需要抛弃的一面。恩格斯曾指出,在生产资料转由社会所有之后,社会的主要经济单位就不是家庭了。① 实践表明,完成上述变革需要一个长期的历史过程。自改革开放以来,家庭的经济功能是有所加强的。比如,实行家庭承包责任制的农民家庭,以及城乡个体工商户,都是家庭承担组织生产经营功能的例证,它们都是社会组织和个人消费的中介,是社会主义市场经济中活跃的细胞组织。

古代的婚姻是家族和家庭实现其利益的手段,婚姻便不可能由男女双方本人做主。男女婚姻是"承天体之性"配合而成。所谓"父母之命,媒妁之言"是古代婚姻成立的唯一合法形式。男女结婚,从选择对象、订婚到嫁娶操办,都必须由父母包办,媒妁居中活动。婚姻当事人无法表达个人意志,只能安心顺从和接受家长的安排。"男不自专娶,女不自专嫁,必由父母。"瞿同祖先生指出:男性一方的直系尊亲属,对子女婚姻事宜具有绝对的主导权。这一威权受到国家法律的承认和支持,不容违抗。② 除了家族尊长的干涉之外,国家的法律规范对于婚姻双方的自由意志也采取压制态度。农业社会生产、生活环境艰苦,人的寿命短暂,国家为了促进人口增长,历朝历代都鼓励早婚,强行设定结婚年龄,甚至强制女性出嫁。越王勾践下令:"男二十,女十七不婚,其父母有罪。"③汉惠帝时为了发展经济,增加国库收入,下令:"女子十五以上不嫁者,五算。"意思是女子超过十五岁还不出嫁,增

---

① 参见中共中央马克思恩格斯列宁斯大林著作编译局编译:《马克思恩格斯选集》(第4卷),人民出版社2012年版,第87页。

② 参见瞿同祖:《中国法律与中国社会》,中华书局2003年版,第108页。

③ (东周)左丘明:《国语·越语上》,上海古籍出版社2015年版,第418页。

加该家庭五倍的人头税。《宋书》记载:“女子十五不嫁,家人坐之。”[①]意为如果女孩适龄不出嫁,家人一起跟着坐牢。此外,国家的法律还详细列举了婚姻的成立、限制以及离婚等条件。有关婚姻成立的规定是以尊长的同意为条件,以门第匹配为主,主张“人各有偶,色类须同,良贱即殊,何宜配合”[②]。禁止同姓为婚,禁止监临官娶其所部百姓为妻妾。在离婚方面,承袭汉代丈夫休妻的“七出”“三不去”“义绝”之法,同时规定“若夫妻不相安谐而和离者,不坐”之条,允许纳妾,但是不得“以妻为妾”,这些规定同样是为了维护宗法嫡庶的秩序。

综上,在古代社会,婚姻受到来自宗教、家族和王权的控制和干预,再加上国家为了巩固统治和促进社会安定而施加干涉,强迫婚嫁以增加社会人口,漠视了婚姻中个人的意志。在这样的社会背景下,男女双方的个人意愿没有受到重视,婚姻不可能走上“自愿结合”式的爱情型道路。从古代到现代社会,中国人的婚姻观念发生了巨大变化,呈现出多元的状态。现代法律认同的婚姻已经在很大程度上摆脱了家族责任的束缚,个人享有法律上的婚姻自主权,成为婚姻真正的主体,是权利的享有者和义务的承担者。

二、婚姻自由与宪法的连接

人类经历了从包办、强迫婚姻到承认和保护婚姻自由的价值观转换过程,于18世纪将婚姻自由确立为法律原则。1791年《法国宪法》第7条规定:“法律视婚姻仅为民事契约。”既然婚姻

---

① (南朝梁)沈约:《宋书》卷八十二《周朗·沈怀文传》,中华书局1974年版,第2106页。

② 《唐律疏议》卷一四《户婚》,中华书局1983年版。转引自蒋月:《20世纪婚姻家庭法:从传统到现代化》,中国社会科学出版社2015年版,第86页。

被视为契约,并贯彻契约自由的思想,那么婚姻双方则是处于平等地位的主体,并且是因为自愿订立此契约而结合在一起。契约说最早源于康德对于婚姻本质的认识,强调了婚姻双方的自由意志,婚姻依双方合意而形成。这种学说具有倡导人格独立、个体平等和实现婚姻自由的意义。大多数现代文明法治国家都实行婚姻自由、男女平等的婚姻制度,并从宪法这一根本法和最高法的角度对其进行了规定,使婚姻自由成为跨越国界、人类社会相通的生活逻辑。

婚姻自由已经在越来越多国家的宪法实践中得到承认,成为由宪法保障的基本权利。从承认的方式来看,主要包括三种路径:一是在宪法文本中明确规定婚姻自由以及国家保护婚姻,即宪法肯认(constitutional entrenchment);二是通过宪法解释(constitutional interpretation)将婚姻自由纳入基本权利范围;三是通过对国际人权法进行国内法的转化。

(一)婚姻自由在宪法文本中的呈现

本书对193个联合国会员国的宪法文本进行统计,其中有93个国家的宪法中规定了有关婚姻的内容,明确婚姻受到国家的保护。另外有38个国家的宪法文本中虽未提及婚姻,但是规定了家庭受到国家保护,公民有组成家庭的权利。

对上述93个国家的宪法文本规定进行比较分析,各国宪法将对婚姻的保护置于不同位置,主要存在两种情况:一种是有些国家在“公民的基本权利”章中规定婚姻权抑或婚姻自由,明确国家保护婚姻,这是最为普遍的做法;另一种是有些国家在社会纲领、政策性原则、国家的基本原则等宪法文本的纲领性条款中对婚姻加以规定,从国家存在的社会基础角度来看待婚姻,如《叙利亚宪法》在第三节“社会纲领”中规定:“国家保护和鼓励婚姻,致力于消除阻碍婚姻的物质方面和社会方面的障碍。”《匈牙利宪法》在第一章“宪法基础”中规定：“匈牙利保护男女基于自愿结合基础之上的婚姻制度和作为国家生存基础的家庭。”

是否将婚姻自由视为基本权利并为其提供保护，与一个国家的社会文化传统和意识形态、政府职能大小、国家经济实力有关，因为保障公民的基本权利都需要政府付出服务和经济方面的成本。这也反映出各国宪法文化的多样性，以及在婚姻话题上国家价值观的差异。作为国家指导原则的规范在总体上控制国家权力的运行，体现了国家在实现国家价值观方面的主动性，表达了国家在稳定社会基础方面的价值追求，这样的影响效果甚至比确立个人基本权利的方式更加深远。但是这也存在问题，就是纲领性条款作为客观规范的功能在现实中不可能仅依靠国家自身来得到实现，国家还要根据社会发展状况和社会需求的平衡来调整其具体政策。如果不赋予公民个人可主张的权利，这些规范难以确保其实效性。

除体系分布之外，婚姻自由在各国宪法文本中的内容呈现也具有多样性。有些国家在宪法中对于婚姻的规定较为细致，在宪法中明确了婚姻的概念，要求双方主体具有性别上的相异性，如《拉脱维亚宪法》第 21 条明确规定公民只能与异性结婚。更多的国家采用了将婚姻限定在“男女之间”的表述，如《蒙古宪法》第 16 条规定“婚姻以符合法定年龄的男女双方平等、自愿交往为基础”。

（二）通过宪法解释“发现”婚姻自由

还有国家是以宪法解释将婚姻自由或者国家对婚姻家庭的保护纳入基本权利范围，在此以美国和南非的实践加以说明。

美国联邦宪法文本中没有内容涉及婚姻和家庭，也没有设置专门条款来保护公民结婚组建家庭的权利。美国的制宪者们深谙以婚姻关系为基础的家庭,对于个人、社会,以及整个政体的重要性。他们认为人具有社会性,生活在多重人际关系相互交织的网络中,而家庭则是每个人来到这个世界后面对的第一重社会关系的体验。家庭为每个人提供了最深刻、最长久和最重要的人际交往经验,是培养和发展其他社会关系的起点。① 政府是家庭影响力的映射,坚定而平等的一夫一妻制婚姻,以及进而形成的家庭是共和政体的基石。②

尽管美国的制宪者们对婚姻家庭的重要性极为重视,但是文本中却缺少相关内容。究其原因,大致可以从以下几个方面来考虑。美国联邦宪法制定于200多年以前,制宪者们意图在文本中解决当时最为关键核心的议题,或者说争议较大的问题,即联邦政府的权力架构和配置,以及联邦政府与州政府之间权限的划分。在1787年,制宪者们相信婚姻家庭的结构、稳定、角色和价值已经被北美大陆的所有人接受。这一点确实是没有分歧的。人们对于婚姻、以婚姻为基础形成家庭关系等事项在观念和实践上都达成了共识。此外,制宪者们还认识到,与婚姻、家庭相关的诸多事项应该由各州政府进行立法和调整,这些都在联邦政府的权限范围之外,因而无须在联邦宪法中予以规定。这样的做法与殖民地时期以及邦联政府时期的传统是相符的。

宪法文本没有提及婚姻,不妨碍联邦最高法院在司法实践中

---

① See Lynn D. Wardle, *What's the Harm? Does Legalizing Same-sex Marriage Really Harm Individuals, Femilies or Society?*, Univeristy of Press of America, 2008, p. 207, 211 – 224.

② See Lynn D. Wardle, *The "Constitution" of Marriage, and the "Constitutions" of Nations*, University of San Francisco Law Review, p. 437, 443(2011).

对宪法文本进行解释，从而将婚姻权确认为公民的一项基本权利，受到宪法保护。这就意味着对于婚姻自由所施加的任何限制都会受到严格审查。大法官们认为缔结婚姻、组建家庭和抚养后代是实现自我个人价值的核心所在，受到正当程序条款的保护。[①] 1967 年的拉文诉弗吉尼亚州案（Loving v. Virginia）允许不同种族的人结婚[②]，联邦最高法院废除了种族之间通婚的禁令，明确了婚姻自由是一项重要的基本权利，对于每个人有序地追求幸福极为重要。联邦最高法院的先例对于婚姻的理解和描述与其传统意义是相符合的。

南非宪法于 1996 年正式颁布，承认和保护人的尊严以及公民的平等地位是其正式秩序的基石和根本，是贯穿于南非社会生活各个方面的最高原则。南非宪法的正式文本中并未对公民的婚姻家庭问题加以规定，对婚姻权的保护由南非宪法法院在其一系列宪法判例中推导并确立，主要以人的尊严条款和平等权条款为基础，集中在事实婚姻当事人获得赡养费的权利保护[③]、夫妻双方财产损害赔偿的平等保护[④]等相关判例中。

---

① See Meyer v. Nebraska, 262 U. S. 390 (1923).

② See Loving v. Virginia, 388 U. S. 1 (1967). 1959 年，白人男子（Richard Loving）和黑人妇女（Mildred Loving）因结婚触犯弗吉尼亚州《种族完整法》（Racial Integrity Act）的反种族通婚条款（the anti-miscegenation statute），被判处有期徒刑一年，二人离开弗吉尼亚州来到华盛顿特区以获得暂缓执行。1966 年，二人在弗吉尼亚州法院提起诉讼，挑战异族通婚禁令的合宪性。弗吉尼亚州最高法院认为该禁令合宪。Loving 夫妇上诉至联邦最高法院。1967 年，联邦最高法院判决弗吉尼亚州法律违宪，认为该禁令违反平等保护条款，并认定结婚是公民的基本权利，受到正当程序条款的保护。

③ See Volks No v. Robins on and others, 2005 (5) BCLR 446 (CC).

④ See Van der Merwe v. Road Accident Fund and Another, 2006 (4) SA 230 (CC).

由此可见,虽然部分国家宪法文本中对于婚姻问题的规定缺失,但是都通过宪法解释实践在其宪法实施中将婚姻自由确立为公民的一项基本权利,并且不断拓宽这一权利的保护范围,对其内涵作出符合社会变迁的现代诠释。对于婚姻自由的宪法解释兼有传承和改变,符合现代文明社会的发展趋势。

(三)国际人权文件对婚姻自由确立的影响

婚姻自由在国际人权法中得以确立,体现了国际社会对此形成的共识。第二次世界大战结束后,为维护所有人的人格尊严与自由权,避免买卖婚、奴隶婚、童婚等恶习陋俗,保证婚姻的缔结是由婚姻主体的自由意愿和完全同意,《世界人权宣言》作为人类社会共同体首次制定的人权大宪章,对此进行了规定,明确了家庭是天然而基本的社会单元,受到国家和社会的保护;成年男女有权婚嫁和成立家庭;婚姻的缔结应该以配偶双方的自由和完全的同意为基础。《世界人权宣言》为国际人权公约以及区域性的人权条约奠定了基础,也为各国宪法制定基本权利条款提供了范例。因此,《世界人权宣言》对婚姻自由的确认,对于婚姻自由在各国宪法中的确立具有重要的推动作用。

为了重申并落实《世界人权宣言》这一规定,1962 年 11 月 7 日,联合国大会决议通过了《关于婚姻的同意、结婚最低年龄及婚姻登记的公约》,规定婚姻需要经过当事人双方完全自由同意,此项同意应由当事人根据法律的规定,经过适当的通告之后,在主管婚姻的机构和证人面前,亲自进行表示。该公约的缘起在于 1954 年 12 月 17 日联合国大会决议通过的《八四三号决议》,要求明确妇女在私法上的地位,主张为确保人人都有选择结婚配偶的自由,应废除世界上某些地区的风俗、古法、习惯,以及其他在婚姻与家庭上不符合妇女人权和人性尊严保护的做法。1965 年

12 月 21 日联合国大会决议通过的《消除一切形式种族歧视国际公约》规定人人都有不分种族、肤色、民族或人种在法律上享有一律平等的权利,这些权利中就包括缔结婚姻及选择配偶的权利。1966 年 12 月 16 日联合国大会通过的《公民权利和政治权利国际公约》同样明确,婚姻家庭受到社会和国家的保护,实行婚姻自由,要求各缔约方采取适当的措施和必要的步骤,来保护结婚的双方当事人在婚姻事务方面平等的权利。《公民权利和政治权利国际公约》不仅重申了对婚姻自由的保护,还要求缔约方为实施公约中所承认的权利而采取一切必要的措施,并确保受害人能从国内法院或者其他机构获得有效救济,这对于各国宪法上确立婚姻自由更具有实际意义。在那些已经确认公约具有国内法效力的国家中,婚姻自由直接影响国内的法律体系。为了使各项权利条款和各国家的义务得以实现,公约还规定了相应的执行机制,比如要求缔约方定期向联合国人权事务委员会递交执行情况的报告,以此敦促各国人权状况的改善。

1979 年 12 月 18 日通过的《消除对妇女一切形式歧视公约》被称为“妇女人权宪章”,该公约第 16 条规定:“缔约国应采取一切适当措施,消除在有关婚姻和家庭关系的一切事项上对妇女的歧视,并特别应保证她们在男女平等的基础上:有相同的缔婚权利;有相同的自由选择配偶和非经本人自由表示,完全同意不缔婚约的权利;在婚姻存续期间以及解除婚姻关系时,有相同的权利和义务……童年订婚和童婚应不具有法律效力,并应采取一切必要行动,包括制定法律,规定结婚最低年龄,并规定婚姻必须向正式登记机构登记。”区域性人权条约中也对婚姻自由进行了实证化的规定。《欧洲人权公约》第 12 条规定:“达到结婚年龄的男女根据规定结婚和成立家庭权利的国内法的规定享有结婚和成立家庭的权利。”《美洲人权公约》第 17 条规定了公民享有婚姻和建立家庭的权利。

国际人权公约中的婚姻自由，具有广泛的内容体系，包括自由面向（如免受强迫、包办、买卖、奴役婚姻等）、国家义务（如尊重、保护、提供救济），以及双方合意、自愿、平等等基本决定要素。部分国家对于婚姻自由的规定采取了参照国家条约型的表达方式，即通过参照具体条款把规定婚姻自由的国际性或者区域性人权条约纳入国内法。例如，《捷克宪法》第 10 条规定：“由议会同意批准并已经公布的国际协议，对捷克共和国有约束力，构成法律秩序的组成部分；如果国际协议作出了与法律相抵触的规定，应适用国际协议的规定。”该规定意味着所有有关婚姻自由的国际人权条约，都构成捷克国内法律的渊源，对立法、行政和司法机关构成约束力。

上述国际公约的规定都强调了对有意结婚者的人格自由和决定权的维护，要透过立法明确规范国家公权力机构以登记形式的监督和保护，以确保公民具有独立、完全的婚姻意志。国际人权文件对于婚姻自由的规定，不仅为各国宪法婚姻自由的确立提供了范本，其实践也为各国宪法保护婚姻自由提供了重要参照。

三、婚姻自由入宪的价值基础

宪法产生的最初目的在于规范政府权力不得为非，防止政府权力滥用、腐败以至于侵犯个人权利。宪法中对于权利和自由的规定，是与王权斗争的结果，构成对王权的有效限制，也催生了人权观念的形成，直接与神权、君权相对立。这一过程反映了人们反抗特权和社会压迫的愿望，也是人们反抗人身依附、政治专制和精神压迫并取得胜利的结果。婚姻与每一个人的基本生活密切相关，在历史上曾长期受到宗教、封建王权的干预。个人对于婚姻自由的争取是近代资产阶级革命斗争的重要内容,最终由宪法将这一成果固定下来。

(一)人类生存智慧的延续

婚姻是人类社会一直以来就存在的生活方式,先于国家和宪法存在。从微观角度来看,婚姻是每一个人可以选择的一种生活方式;从宏观角度来看,婚姻更是人类社会最古老而普遍的一种社会现象。在原始社会,男女生活在一起是一种习性,共同养育子女,男子担任保护者和抚养者,女子则是助手和子女的养育人。因此,婚姻从上述原始时代中人类或者半人类祖先的这样一种习性中孕育而生,是在国家出现之前就存在的一种古老现象。这样一种习性或者生活状态被共同体的习俗认可,继而得到法律的承认,最终成为一项社会制度。[①] 婚姻这种古老的制度,凝聚着人类社会跨越千年的生存智慧,是一种责任伦理的世代延续,更是人类面向未来的发展基础。婚姻也是人类社会延续至今最基本和最具有普遍意义的生存方式,甚至是最具有基础意义的公共现象,它在任何历史时期都是社会基本规则要规范和调整的主要对象。宪法是人类社会对于国家和个人关系进行理性反思之后的产物,是具有价值秩序的规范系统,婚姻这种最具有基础意义的公共现象同样也应该成为其调整的对象。

宪法文本是规范与价值的统一。制宪者将人类社会共同体在漫长历史发展中形成的共识写入宪法文本中。文本的形成过程实际上是把人类价值共识写入宪法规范的过程。同样的道理,对婚姻价值的确认也是以人类社会发展过程中所体现出来的生

---

① 参见[芬兰]E. A. 韦斯特马克:《人类婚姻史》(第1卷),李彬等译,商务印书馆2002年版,第35~36页。

存道德为原点，以人类社会所默认的历史规律沿袭和延续着，体现人类的公平、正义等最基本的价值，“源于人类，回归人类”。这些都制约着制宪者的行为，制宪活动也必然体现这些闪耀在文本背后的具有普适性的崇高价值。①

婚姻制度在漫长的历史中，曾被原始部落的氏族规则、封建社会的宗族礼教、宗教教会的规范或者其他私人组织来管理和调整。国家产生之后，将规范婚姻关系的方式从上述规则让渡给国家，允许国家介入并通过法律调整婚姻这项最重要的社会关系。在所有国家的法律规范中，宪法是最高法，所有争议的最终依据在于宪法，所有国家生活都在宪法设定的轨道中运行。宪法为建立生活、生产、交换秩序确立了基本准则，这些基本准则是具有根本性的社会制度和经济制度，具有极强的原则性和抽象性。婚姻制度伴随着人类社会走过了农耕文明、工业文明，迈向现代文明，是一种古老的生活方式，也在经济生产中发挥了重要作用，以此为基础形成了最基本的社会秩序。宪法明确了婚姻的地位和重要性：一方面，是对这一古老社会制度的调整和保护，并巩固以婚姻为基础的基本社会秩序，提高其有序化程度；另一方面，也要求婚姻制度，以及围绕婚姻而形成的生活、生产、交换秩序要遵守宪法确立的基本准则，不得超出宪法所划定的框架和范围。

总之，婚姻关系着每一个人的基本生存和发展，在多年的实践中，不断趋于完善，并且具有较高的稳定性，被人类社会所普遍接受。婚姻是形成家庭最重要的渠道，家庭进而被视为社会天然和基本的细胞，这在现代各国已经达成共识。面向未来，不论时代如何变迁，风云如何变幻，婚姻受到国家保护的原则和精神不

---

① 参见韩大元：《认真对待中国宪法文本》，载《清华法学》2012年第6期。

会改变,以维护稳定的社会秩序,这是一种对人类社会生存智慧的延续。

(二)个人自由和尊严的保护

人权保障是宪法的最终价值追求,这也是宪法在现代社会的存在意义,是现代宪法学的基本共识和核心命题。宪法的主要功能是通过组织、配置和规范国家权力,实现对公民基本权利的尊重和保障。将婚姻自由置于上述资产阶级革命所取得的成果中来看,婚姻自由之所以被列入宪法并作为公民的一项基本权利加以规定:一方面,是因为婚姻自由本身内含着对于每一个人的生存和发展所必需的重要价值;另一方面,也是由于在历史上公民的婚姻选择常受到外来各种因素的干预,极易成为公共权力侵犯的对象。

近代资产阶级革命就是为了挑战封建君主专制,争取并保障公民个人权利,确立公、私领域的划分,而宪法产生和发展的历史也由此开始。作为理性的个人只有在自由的状态中才能实现自我决定和自我发展,人的本质决定了个人最终要从国家照顾、封建和行会秩序以及教会道德监督的束缚中解放出来,而由个人对自我事务进行管理。对自由婚姻的争取就体现了人们对个体生活享受和个体幸福生活的追求,希望摆脱来自外在力量的干预和传统势力的束缚。婚姻属于典型的私生活领域,但在人类绵延已久的习惯做法中,婚姻总与人口繁衍和组织生产生活相联系,这一私生活领域与公共领域长期处于交织状态甚至被后者所覆盖。应适当划定这两个领域之间的界限,赋予私生活领域以积极意义,实现对个人自由和尊严的保护。

以 1791 年法国《宪法》的规定为例,“法律视婚姻仅为民事契约。立法权应为所有居民建立办法以规范个人的出生、死亡及结婚所为之公开宣示,并应制定公务员接受并保存个人出生、死亡及结婚所为公开宣示及其记录。”将婚姻视为契约就体现了婚姻中个人意志、情感的方面。对此处的“民事契约”不应该局限在“契约”上做狭义理解,而可以结合其历史意义从多个角度来理解:第一,婚姻是世俗之事,而非宗教圣事;第二,婚姻的缔结是人与人之间的法律关系,而不是神与人之间订立的神圣盟约;第三,确立了结婚自由的原则,尊重有意结婚的主体之间自由选择与真正结婚的意思;第四,以宪法的形式来强调由法律明文规范结婚所需要进行的公开宣示要求,并且由特定机关接受并保存个人结婚的公开宣示及其记录,保障个人的身份权益。对此规定的理解可以结合法国大革命的历史背景来进行。法国大革命涉及整个社会的系统转变。这种转变涉及以封建、管制经济和宗教为特征的整个法律秩序。因此,基本权利在法国承担的任务,是要从内容上变革整个法律体系的伟大行动。① 在这种背景中基本权利的功能就不限于抵抗国家对自由的侵犯,它还为国家设定了有拘束力的行动目标,只有当法律秩序完成了以自由和平等为基本原则的转换之后,基本权利才能退守到消极功能之内。

到了现代社会中,个人的自我探索、人格发展与学习和成长、心灵的休憩,都与婚姻关系中另一方主体互动关系密切,尤其思想意见表达的自由与同等尊重、与人成立亲密结合互相扶助、共同生活且不受干涉与侵扰的私领域空间等,这些都与人格尊严的建立和实现密切相关。大多数人都有与他人亲密共同生活的需求,并能够在经济上、情感上相互扶持。婚姻寄托着个体之间的

---

① 参见[德]迪特尔·格林:《现代宪法的诞生、运作和前景》,刘刚译,法律出版社2010年版,第17页。

情感，还有婚姻关系形成之后，双方作为整体对下一代（如果有下一代）和其他家庭成员的情感。这些情感关系是一种人格最深层、最私密也是最核心的自我认知，每一个体都将无可避免会透过这些亲密的情感关系完善其自我认知，然后参与到更广阔的社会生活中。宪法将婚姻自由作为一项基本权利加以保护，也是对前述这些美好情感的肯认，以及这些情感对于人的尊严的重要性的肯认。

上述这些情感的建立和发展无疑是需要体现个人自主性的，所谓自主独立的人格主体，是尊重个人原本的自我，不因为社会的强势价值而扭曲自己的人格，在这样的主体基础上，现代社会发展出尊重和维护人的尊严的宪法秩序。换言之，如果宪法所确立的基本权利秩序不能保障每一个人以其真实的自我被社会所接受，不能追求适合个人的幸福生活，那么这一套秩序就是毫无意义的。

（三）共同体价值观的整合

宪法是共同体价值观的统一体。在现代社会中，共同体为追求幸福生活所达成的合意就是宪法，那么宪法文本中的婚姻自由必然反映当下共同体及其成员在婚姻上所具有的利益。宪法中的婚姻自由规范需要反映婚姻最基本的价值内涵，也要体现共同体及其成员对于婚姻这个现象的意志与需求。同时，宪法也是变迁的，当法律规定并未涵盖的新事实出现时，或者特定事实发生巨大的价值变迁时，我们可以在宪法规范的意义和目的框架内，为其拓展合理的边界。宪法确定了国家的基本法律秩序。这一基本秩序具有广泛统一性，同时具有整合反对意见的功能。社会共同生活运转遵循着一些基本原则，具有共通性。通过这种方式，宪法包含并象征着共同性。多方利益主体都可以在宪法塑造的价值秩序中体会到统一。因此,宪法描述了整个共同体的同一性,并促进了社会的整合。①

用英国哲学家密尔的观点来说,人类社会最美丽的景象就在于它的多样性,这又突出表现在每个人的个性之不同。个性就是每个人都具有独立的意识,对外界事务作出判断的根据是自己的经验、知识和性格,而非社会传统、惯用习俗和他人经验。每个人都应该具有自己选择生活方式的能力,而不是由他人代替自己选择某一生活方式,或者重复别人的生活方式。有些性格或者生活方式在其他人看来也许是不可理喻的,但是只要个人行为不损害他人的利益,那么他人以及社会就应该容忍和接受此类行为。②现代宪法的理念之一就是保障每一个人追求并获得幸福,尊重生活方式的多样性。如果人们在不伤害他人的前提下,按照自己的选择和个性生活,那么国家就无须对人们选择的符合这一理念的生活方式给予负面评价。③ 从这个角度来讲,婚姻自由也符合人类宽容和谐的宪法哲学的精神内核。婚姻是最能代表人们对生活认识的意象之一。婚姻包括双方的意愿、共同生活、情感寄托、亲密结合以及国家认可等必要因素,这些因素不局限于传统认知中对于婚姻的界定,因为现代婚姻、家庭的外在表现形式呈现多样化的趋势,人们的真实生活方式,比如未婚同居、未婚生子等都不再局限于法律建构出来的核心家庭模式。自第二次世界大战结束以来,在人权保障方面,多元、宽容思想应运而生。传统的生活方式以及背后所折射出来的传统道德秩序,与现代呈现出来的

---

① 参见[德]迪特尔·格林:《现代宪法的诞生、运作和前景》,刘刚译,法律出版社 2010 年版,第 24 页。

② 参见[英]密尔:《论自由》,陈崇华译,商务印书馆 1996 年版,第 4～5 页。

③ 参见韩大元:《宪法学基础理论》,中国政法大学出版社 2008 年版,第 5 页。

多元生活方式之间,需要彼此的让步、尊重和包容,确保每一个人作出适合自我的价值选择。宪法的历史发展表明,妥协和宽容是现代宪法的精神,鼓励人与人之间的相互尊重和理解,在社会基本价值观的共识基础上,学会尊重他人的精神和习惯。

(四)个人、家庭和国家关系的调整

宪法规定婚姻自由的内容,是由于调整个人、家庭和国家之间关系的必要性。人类社会从来就是一个家族社会,但出现国家之后,作为初级团体的家庭和最高阶段社会组织的国家,两者之间的紧张关系出现,这种紧张的程度并不亚于个人和国家之间的关系。

在西方,当个人意识觉醒,凸显个人自由的个人和国家之间的关系模型出现之后,社会改革运动的主要方向是呼吁个人要解开大家庭的桎梏。个人、家庭和国家之间的紧张关系需要重新调整。现代国家的宪法既强调对个人自由的保护,也要求国家保护家庭和婚姻。个人是独立的意志体,个人来自原生家庭,并经由自由的婚姻组成新的家庭。个人也是婚姻、家庭中的个人,承担着不同的角色任务,但是个人与家庭之间的主次关系则发生变化。婚姻和家庭成为个人实现自我人格完善的助力,个人在与配偶和其他家庭成员的互动、承诺和奉献中收获圆满的生活。家庭还是组成国家的最微小且最重要的初级团体,这在多数国家的宪法文本中都予以明确,但是在个人和国家之间的作用和功能却有所转变。家庭不再具有传统社会那样的可以主宰个人命运的意义,并且其传统功能已大幅度被其他社会组织所取代,比如,其生产经营的功能由现代企业取代,对后代的教育和文化传承功能被学校和其他教育机构分担,国家则承担了更多的提供生存福利的民生功能,现代国家对于家庭中的成员负有高度的照顾义务。国家还需要监督家庭,防止个人受到家庭不适当的侵害和钳制。

综上所述,现代国家的宪法强调重视每一个人,同时又分配给国家以保护家庭和婚姻的义务,构建了社会安全网,这就使婚姻家庭承载的功能更加复杂和多样。孤独的个人也可以在其他社团中与其他成员相濡以沫,获得类似于其他家庭成员可以给予的照顾和慰藉。所以根据不同国家在不同时期制定的宪法,可以看到个人、家庭和国家三者之间所处的位置像光谱般的不同定位。制宪者以及宪法解释机关会根据社会情况的发展和社会意识的变化,不断作出微调。[①] 在不同的历史条件下,个人、家庭和国家之间存在不同程度的紧张关系。婚姻作为个人之间组成家庭的最主要渠道,或者说是纽带,由作为根本法的宪法加以规定,借此将上述三者之间的关系重新加以定位和调整,这是非常自然并且必要的事情。

---

① 参见苏永钦主编:《部门宪法》,台北,元照出版有限公司2006年版,第796页。

第二章　婚姻自由的历史演进

本章从我国历史演进的维度对婚姻自由的概念、价值内涵和规范素材进行系统分析，阐述婚姻自由在不同历史时期的变迁过程，以及在我国宪法中的历史源流，以便为我国现行宪法上婚姻自由的客观解读和规范建构，提供有益的历史基础。

一、晚清民国时期婚姻自由的观念启蒙

就中国而言，婚姻自由自清末随着自由、平等观念逐步传入后就开始了其本土化的过程，它被视为反对封建包办婚姻的武器。近代资产阶级革命运动的发展又使其影响不断扩张。对于中国人来说，婚姻所具有的意义深远而重大，它自然成为近代先进人士思考国家和民族命运的重要内容之一。婚姻制度的变革

被赋予了“强国保种”的悲壮语境。[①] 为了促进男女平等、培育健全国民、废除封建制度，知识界围绕自由、平等的理念，系统反思古代旧式婚姻制度。清末民初的婚姻变革也就此拉开了序幕。

（一）婚姻自由观念的引入

婚姻自由概念在清末得以引进与西方价值观念的输入密切相关。清朝统治力量衰落，西方列强迫使清廷签订不平等条约。晚清时期，西方资本主义入侵进一步深入，延续数千年的农村自然经济开始解体。西方国家在华设厂和洋务运动的发展，催生了民族资本主义的发展。清朝统治下的各阶级开始反抗和探索，各方势力都在寻求救亡图存的道路，从早期的器物技术发展到思想制度，提出多种救国方案。晚清时期中国社会的变化遍及经济、政治、社会和思想文化各个领域，也分别从这些方面影响了中国人的婚姻观念和国家的婚姻制度。

在农业社会，生产大多集中在血缘团体中，自给自足的农耕占最重要的地位。在生产力不发达、信息交流困难的条件下，为了获得更多的自然资源和社会资源，由家长主宰的包办婚姻是主要的婚姻形式。随着机器生产、工商业发展，交通和通讯工具的改善，经济活动与家庭逐渐分离，个人更多地通过劳动力市场而受雇于人，男女传统的分工角色开始变得模糊。近代大都市的兴起，以及工厂的设立，需要大量的劳动力，来自异乡的青年男女有更多的机会互相认识和交往。年轻人从学校教育、社会劳动中获得知识和经验，从职业劳动中获得收入，对家庭的经济和生活依赖逐步减弱。这些都为新的婚恋观念形成提供了重要的交流平

---

① 参见王栋亮：《自由的维度——近代中国婚姻文化的嬗变（1860～1930）》，社会科学文献出版社2016年版，第112页。

台和物质基础。

西方生产、生活方式不断冲击着传统价值观念,并影响着中国的思想界。先进知识分子们展开了有关婚姻自由、男女平等等话题的热烈讨论。婚姻的观念变迁,是婚姻制度发生改变的前提之一。[①] 个体争取独立自由的社会思潮使青年人认识到其本人意愿在择偶过程中的重要性。与此同时,争取个体自由的社会运动使父母等强势群体逐渐改变传统立场,开始关心、尊重子女的择偶意愿。既然婚姻成为当事人自己的事务,以什么标准择偶和维持婚姻,理应符合当事人内心的意志。双方的情感因素从婚姻的附加物变成了缔结婚姻的基础。

鸦片战争之后,中外文化交流日趋频繁。封建地主阶级改革派、早期资产阶级改良派、维新派、革命派等进步思想家,对中国绵延千年的封建专制制度展开批判。传统观念中的"男女之约,不由自主,由父母定之"[②]的准则,在西方自由理念的反衬下也受到批判。婚姻自由的观念在这一时期的兴起是与妇女解放运动的潮流相伴而生的,所以多数对于婚姻自由的论述包含在"兴女权"和妇女运动的主题讨论中。这种将两者相伴随的讨论是完全符合中国社会变革的实际情况的,因为包办、买卖、强迫婚姻等旧式婚姻制度正是让妇女们落入宗法体制樊笼的原因,要实现妇女解放,首要任务就是消除上述旧式婚姻。陈谭秋指出,妇女运动是 20 世纪 20 年代中"非常重要的社会运动"[③]。中国的妇女运

---

① 参见陈功:《家庭革命》,中国社会科学出版社 2000 年版,第 54 页。

② 康有为:《实理公法全书》,载《康有为全集》(第 1 集),中国人民大学出版社 2007 年版,第 150 页。

③ 中华全国妇女联合会妇女运动历史研究室编:《中国妇女运动历史资料(1921 ~ 1927)》,人民出版社 1986 年版,第 5 页。

动在女性人格独立、男女平等、妇女婚姻自由、家庭变革等方面做了诸多努力。再加上多种社会思潮不断传入我国,如自由主义、社会主义等,使这场有关婚姻自由的讨论在不同群体间和不同语境下,被赋予了不同的内涵。

(二)清末时期对婚姻自由的讨论

近代中国妇女运动源于救亡图存的时代召唤。自晚清维新运动以来,民族危机引发了男性知识精英阶层对于国家未来的担忧,普遍认为体弱无知的妇女是国家强大的负担,是“天下积弱之本”[①]。康有为、梁启超、谭嗣同、严复、邹容等接受了自由理念,也结合中国本土的现实来著书表达对于婚姻制度变革的看法。从他们的著作中可以看到19世纪末20世纪初“婚姻自由”的概念和内涵。

维新派知识分子在反思传统文化之后,希望建立一种新的婚姻观念,其中最主要的内容就是提倡婚姻自由。康有为在其《实理公法全书》中说:“凡男女如系两相爱悦者,则听其自便”,“此乃几何公理所出之法。盖天既生一男一女,则人道便当有男女之事”。[②] 此外,他还批评婚姻制度以父母的喜好和意见为主导,这一点“与几何公理不合”,更加不益于人道。[③] 康有为以男女基于感情而聚合乃“公法”,“此结婚所以自由也”。在他看来,一切自

---

① 梁启超:《变法通议》,载《饮冰室合集》(第1集),中华书局1989年版,第38页。

② 康有为:《实理公法全书》,载《康有为全集》(第1集),中国人民大学出版社2007年版,第149页。

③ 参见康有为:《实理公法全书》,载《康有为全集》(第1集),中国人民大学出版社2007年版,第150页。

由，都应该“顺应人性，并且符合天理”。[①] 谭嗣同指出：“本非两情相愿，而强和漠不相关之人，絷之终身，以为夫妇，夫果何恃以伸其偏权而相苦哉？实亦三纲之说苦之也。”[②]谭嗣同在《湖南不缠足会嫁娶章程》中规定：“同会虽可互通婚姻，然必须年辈相当，两家情愿方可。不得由任指一家，以同会之故，强人为婚。”[③]宋恕在主张婚姻自主的基础上，“许自相择偶”[④]，从行政、法律等方面设想了一些保障措施，主张体现当事人的个人意愿。此时的知识女性对包办婚姻进行强烈谴责。她们还认识到：“中国婚姻一事，最为郑重，必待父母之命，媒妁之言。礼制固属谨严，然因此而贻害亦正无穷，凤鸦错配，抱恨终生；伉俪情乖，动多反目。”[⑤]知识青年们对“三纲”之说的批判，冲击了传统社会的思想根基。

这一时期的思想家还意识到婚姻自由与男女平等是密不可分的，并在其论述中渗透了“天赋人权”的观念。欧美社会男女平等的伦理关系对晚清知识界具有巨大的吸引力。男女的权利平等，而女性的权利也是天赋而来。1902 年，康有为在《大同书》中明确提出“人权”是实现男女平等的基础。在康有为那里，人权源于天，也就是源于人性和人道。[⑥] 邹容在其《革命军》中提出

---

① 参见康有为：《大同书》，载《康有为全集》（第 7 集），中国人民大学出版社 2007 年版，第 76 页。

② 蔡尚思、方行编：《谭嗣同全集》（下），中华书局 1981 年版，第 348 ~ 349 页。

③ 蔡尚思、方行编：《谭嗣同全集》（下），中华书局 1981 年版，第 396 页。

④ 胡珠生编：《宋恕集》，中华书局 1993 年版，第 31 页。

⑤ 周英、朱凌凌：《妇女解放之路有迹可循：从〈女学报〉到〈妇女杂志〉的女性阅读》，载《图书馆理论与实践》2020 年第 5 期。

⑥ 参见韩大元主编：《中国宪法学说史研究》（下），中国人民大学出版社 2012 年版，第 554 页。

要进行“文明之革命”，实现社会从野蛮走向文明。如果要进行革命，实现“国民天赋权利”，就应该铲除那些形成障碍的“恶魔”。① 总之，平等乃自由之基，对于男女平等的倡导，实际就是对女性自由的提倡。梁启超说过：“自由者，天下之公理，人生之要具，无往而不适用者也。”②

上述对于男女平等的主张，其理论基础依然还是“夫妇乃人伦之始”的观念。以此为基础，女权主义与婚姻自由会被联系在一起就顺理成章了。这一逻辑在于兴女权，必兴女学；要兴女学，则必婚姻自由。③ 陈撷芬也认为：“婚姻自由，乃女学进步之初基。”④中国传统的婚俗已有数千年的实践，对其改革不能冒进，要配合教育开启民智，提升妇女的社会地位，循序渐进，有序进行。以此来推论，婚姻变革与振兴女权就很自然地联系到了一起。严复认为：“男女自行择配，亦为事之最善者。……实为天理之所宜，而又为将来必至之俗。”⑤但是，该主张在当时的中国社会则不能实行，“若以我国今日之俗，即行之，则流弊不可胜言”。因为中国的妇女缺乏学识和阅历，没有能力辨别配偶选择中会出现的欺诈，自行择配会陷入不幸的婚姻关系。所以，严复提倡妇女要多读书增加积累，多阅世丰富经历，提升自身的素养，只有这

---

① 参见邹容：《革命军》，载张枬、王忍之编：《辛亥革命前十年间时论选集》（第1卷下册），生活·读书·新知三联书店1960年版，第665页。

② 梁启超：《新民说·论自由》，载《饮冰室合集》（第4册），中华书局1989年版，第40页。

③ 参见王栋亮：《自由的维度——近代中国婚姻文化的嬗变（1860～1930）》，社会科学文献出版社2016年版，第120页。

④ 陈撷芬：《尺素：鲍蕴华女士由神户来函》，载《女学报》1902年第2期。

⑤ 严复：《论沪上创兴女学堂事》，载王栻主编：《严复集》（第2册），中华书局1986年版，第470页。

样才能实现美满婚姻而无流弊。①

从上述言论中可以看出,女权与婚姻的革新密切相关。从维新派知识分子的言论中不难发现,其男女平等的观念是从夫妇之传统伦理衍生而来的。② 康有为在《大同书》中设想的婚姻变革、金天翮在《女界钟》中提倡的婚姻自由,都是以女权的实现为前提。丁初我的阐述更为清楚和彻底。他认为:“纵观女权削弱之原因,半由亲族爱情之羁勒,伴有家庭礼法、社会风俗之浸淫……欲革国命,先革家命;欲革家命,还请先革一身之命。有个人之自治,而后又团体之建设;有不依赖之能力,而后有真破坏之实行。……婚姻自由,为吾国最大问题,而必为将来发达女权之自始。”③

在19世纪末国家危难、民生凋敝之时,对婚姻自由概念的认知与国家和民族的利益是联系在一起的。梁启超先生曾描述当时他心目中的中国是“鬼脉阴阴,病质奄奄,女性纤纤,暮色沉沉”,“不数年,遂颓然如老翁,靡然如弱女”。④ 虚弱卑微的女性形象,被用来比喻衰弱的国力。国家和集体本位主义的话语让原本没有关系的女性角色与民族形象联系在一起。因此,维新派知识分子对于婚姻自由的讨论必然使之为妇女解放,继而为拯救国家危局服务。换言之,婚姻自由是促进妇女解放的手段,妇女解放又是救亡图存的手段,最终实现民族独立和国家富强是真正的目的。

---

① 参见王栋亮:《自由的维度——近代中国婚姻文化的嬗变(1860~1930)》,社会科学文献出版社2016年版,第105页。

② 参见夏晓虹:《晚清文人妇女观》,作家出版社1995年版,第60页。

③ 丁初我:《女子家庭革命说》,载《女子世界》1904年第4期。

④ 参见梁启超:《新民说·论尚武》,载《新民丛报》1903年第28号。

从上文的引述可以看出，近代中国的女性解放运动主要是由男性知识分子发起的，迎合世界潮流，靠拢近代文明。[①] 他们观念的转变依然是传统士大夫“正女”职责的惯性延续。他们对于婚姻自由和人权概念的移植和接受不是为自由和平等而战，不是从个人自由和个性解放的原则出发，也很少涉及个人权利不可侵犯的观念内涵，而是将之作为打击封建专制的武器，目标是摆脱民族危机和实现国家富强，而不是为了妇女权利的维护和每个人对婚姻的自由选择。他们积极倡导废缠足，兴女学，目的是让妇女们“上可相夫，下可教子，近可宜家，远可善种，妇道既昌，千室良善”。[②] 他们对于婚姻自由的主张是由于“力倡婚姻自由，再济以女子学问，国家也自然强固”。[③] 他们相信妇女的素质直接关系到种族的延续、人口素质的提升、民族的生存和国家的富强。他们宣传婚姻自由的最终目的是强国保种，使女性体格强健，富有知识，辅佐丈夫，教育子女。这些只从妻子和母亲的社会角色来看待女性的主张，并不是鼓励女性走出家庭、走向更广阔的社会，而是继续保持传统的“贤妻良母”的形象。但是无论其动机如何，婚姻自由的普遍共识都为女权的兴起铺平了道路，为晚清婚姻变革拉开了序幕。

（三）新文化运动前后对婚姻自由的讨论

1. 自由主义与婚姻自由——个性解放和人格独立

新文化运动是思想更替的催化剂，其间输入的价值观引导青年以新的理念重新审视自己的传统，激起了新旧价值观念的紧张

---

① 参见张文娟：《五四文学中的女子问题叙事研究——以同期女性思潮和史实为参照》，山东人民出版社 2013 年版，第 11 页。

② 参见梁启超：《饮冰室合集文集》（第 2 册），中华书局 1936 年版，第 19 页。

③ 参见江畹真：《论婚姻自由的关系》，载《女子世界》1904 年第 9 期。

和对立。在新文化运动的前期,激进民主主义者提倡个人本位,将“人”的地位提升到前所未有的高度,他们所阐发的自由和权利思想与西方十七八世纪的第一代人权观念是一脉相承的。人性的复苏与个人独立意识的觉醒,使知识界在批判传统婚俗时,锋芒直接指向其对个体精神的压抑和摧残。值得注意的是,在五四时期的思想氛围中,有关婚姻自由的讨论是与民主紧密联系在一起的。这一时期,民主就是自由的化身,所以婚姻自由是民主话语中的应有之义。陆秋心指出:“婚姻自由和德谟克拉西是在一条线上的,在德谟克拉西下面的婚姻一定是完全自由的。要做民国国民,一定要婚姻自由。要拥护德谟克拉西,一定要拥护婚姻自由。”①尽管缺乏更加全面深刻的说理和分析,但是认识和理解无疑更加深化了。

自由主义知识分子从个性解放与个人独立的角度来解读婚姻自由和妇女解放。胡适认为:“我是堂堂一个人,有许多该尽的责任,有许多可以做的事业。何必定须做人家的良妻贤母,才算尽我的天职,才算做我的事业呢?”②个人拥有了自立精神和独立人格,才敢于追求婚姻自由。这是一种希望唤醒女性的个人意识,并切除掉中国婚姻传统中束缚人的自由个性的方面的彻底态度。自1918年开始,胡适以《贞操问题》《李超传》《大学开女禁的问题》《女人解放从哪里做起》《娜拉》《终身大事》等一系列文章,猛烈抨击封建礼教对于女子的残害,主张妇女与男人一样有独立的人格,有以自己的意志来选择婚姻的自由。他还提倡女子应该同男子一样接受现代文化教育,学习科学知识和做人的方式

① 陆秋心:《婚姻自由和德谟克拉西》,载《新妇女》1920年第6期。
② 胡适:《美国的妇人》,载《新青年》第5卷第3号。

方法。

知识青年们以都市的各大报刊为阵地，多方探讨何为婚姻对于个人，而不是对于家族、社会或者国家的重要意义，认识到个人的情感应该是决定婚姻的主要因素。炳文认为，从婚姻的基本概念来看，包办婚姻不算真正的婚姻。“自由恋爱而形成的结合，才应该是真实、正确、含有意义的婚姻——才算是婚姻自由。所以照婚姻的当然来看，婚姻离不了自由恋爱，有自由恋爱的结合，才算婚姻。”[①]换言之，婚姻能否成立是以恋爱的有无作为判断标准，恋爱是双方个体真实情感的表现形式，自由恋爱确立的婚姻才是婚姻自由。“当事者相互的合意”是婚姻生活中个人意愿的体现，它赋予了婚姻新的价值，即寻求人生的幸福和快乐，因为“浪漫的爱是生活所赋予的最大快乐的源泉”。[②] 这种观点强调了婚姻自由的内涵是尊重个体的情感意志和自主决定，给予了当时的青年人们生活的信心和希望，受到他们的广泛认可。

新文化运动的思想家们还运用契约思想来论证婚姻中个人意愿的重要性，并且其讨论的内容已经涉及婚姻自由的限度。炳文认为：“婚姻自由，不是没有限制，可以放意径行的。……所以婚姻自由，还是要受到法律规定的，但是法律对于婚姻自由的规定，我的主张，应当适用对于契约自由的规定。因为婚姻也是一种契约，契约有缔约的自由，解约自由，所以婚姻也有订婚自由，离婚自由。”[③]这一对于婚姻自由限度的论述，指出自由限度以法律为依据。法律对于婚姻自由的规定以契约精神为依托，即当事

① 炳文：《婚姻自由》，载《妇女杂志》第6卷第2号，1920年2月。

② 参见［英］罗素：《婚姻革命》，靳建国译，东方出版社1988年版，第53页。

③ 炳文：《婚姻自由》，载《妇女杂志》第6卷第2号，1920年2月。

人有订婚的自由和离婚的自由。这也从另一个角度强调了个人意愿的重要性。从契约的角度看订婚,订婚者要具备完全的民事行为能力,并充分体现个人的意愿,所以早婚和包办婚姻都是无效的婚姻。从契约的角度看离婚,恋爱是婚姻契约得以成立的要约,要约消灭婚姻自然作废,这决定了离婚自由的合理性。至于离婚之后,男女两性各自恢复单身,自然又有了再婚的自由。①

从以上论述来看,婚姻自由的内涵在自由主义知识分子的论述中日益丰富。其逻辑主线在于,健康的婚姻必须是男女双方独立人格的结合,“男女自身的人格”是实现婚姻真价值的“先决主义”,只有拥有了独立的人格,才能释放自我真实的情感,实现自由恋爱,拥有婚姻自由。② 传统社会的依附性人格导致个人归属和服从于家族,成为包办婚姻的牺牲品。自由理念在婚姻中的贯彻是个性解放的重要体现,对于个人发展和社会进步的意义重大。新文化运动批判传统家族制度,试图帮助青年人摆脱家族的束缚以实现人格的独立,③因为只有实现了人格的独立,保全人应有的权利,才能组织良好的家庭和实现改良社会的愿望,这也是近代国人精神进步的重要标志。

2. 社会主义与婚姻自由——阶级斗争和社会革命

新文化运动时期,西方社会主义思潮开始兴起。随着马克思主义在中国的传播,中国思想启蒙的路径从针对个人自由的启

---

① 参见王栋亮:《自由的维度——近代中国婚姻文化的嬗变(1860～1930)》,社会科学文献出版社 2016 年版,第 321 页。

② 参见不平人:《婚姻是人生和社会的问题应有先决的主义》,载《妇女杂志》第 14 卷第 7 号,1928 年 7 月。

③ 吴虞:《家族制度为专制主义之根据论》,载《新青年》第 2 卷第 6 号。

蒙,逐步转向了集体主义启蒙,目的在于唤醒社会大众的阶级意识。① 包括民族主义和共产主义在内的各项思潮抑或以该思潮为指导的社会运动,都存在"反个人主义"的倾向。② 伴随整体趋势的转向,有关婚姻自由的学说和讨论也融入了新的思想因素,开始注重群体性,从"社会人"的视角来看待自由。人对社会和群体有责任,争取个人自由的最终目的是使人群达到至善的道路,享受最大的幸福。③

五四运动之后,国家危亡的局势更为严重,知识分子对于个人自由和个体权利的追求,逐渐由对国家命运的关注所代替。社会主义的思潮开始传播。人们已经认识到要想用和平渐进的方法来改造社会是不可能的,应该采用更加激进的方法来改造全体社会。④ 我国早期的马克思主义者提出,妇女解放应该作为被剥削阶级争取自身的解放,"女子的历史使命"就是依据阶级的觉悟为阶级的结合去推倒资本主义。⑤ 陈独秀在个人和国家关系中来论述其妇女解放思想。他认为,国家由个人集成,国家是"为国人共谋安宁与幸福之团体","国家者,保障人民之权利,谋益人民之幸福者也"。⑥ 这样的观念和主张至今依然具有重要的历史参考价值。1921 年 1 月,陈独秀在《女子问题与社会主义》的

---

① 参见黄文治:《"娜拉走后怎样":妇女解放、婚姻自由及阶级革命——以鄂豫皖苏区为中心的历史考察(1922 ~ 1932)》,载《开放时代》2013 年第 4 期。

② 参见许纪霖编:《二十世纪中国思想史论》(上卷),东方出版中心 2000 年版,第 21 ~ 24 页。

③ 参见韩大元主编:《中国宪法学说史研究》(下),中国人民大学出版社 2012 年版,第 581 页。

④ 参见彭明:《五四运动史》,人民出版社 1984 年版,第 522 页。

⑤ 参见中国妇女管理干部学院编:《中国妇女运动文献资料汇编(1918 ~ 1949)》,中国妇女出版社 1987 年版,第 42 页。

⑥ 参见陈独秀:《东西民族根本思想之差异》,载《青年杂志》1915 年第 4 期。

演讲中指出,在社会主义之下,男女都要劳作。女子在家庭中不应该受到压迫,因为在社会主义的理论中,男女都具有其独立而自主的人格,女子不能附属于父,也不能附属于夫。[①] 李大钊认为:"20世纪是被压迫阶级彻底解放的时代,亦是妇女解放的时代。"[②]毛泽东在1919年11月25日和27日先后发表了《打破父母代办政策》和《打破媒人制度》,明确反对"父母之命、媒妁之言"的封建婚姻制度。他强调,子女的婚姻不受家长的干涉和强迫,应敢于拒绝包办婚姻。唯有如此,"真正得到恋爱幸福的夫妇才可实现"。只要男女两方心知得到交厚情深,尽可自由配合。[③] 向警予也提出,真正热心妇女运动的妇女,必须热烈参加国民运动,要做其中的劲旅。[④] 由此可以看出,妇女解放运动被纳入国民革命运动之中,除了要实现自我救赎,还要实现政党的革命策略和目标。

社会主义思潮为倡导婚姻自由提供了新的思想资源和话语资源。基于个人权利而争取婚姻自由的努力被纳入阶级解放斗争中,前期的女权主义也被置于马克思主义的话语之中。这种"解放"和"革命"的思想主线也影响了中国共产党后来领导的妇女解放运动和婚姻制度改革。这种思想既带有五四时期强调个人自由和民主的色彩,也深受苏俄阶级斗争的影响,更肩负着抗击外来侵略、实现国家独立和民族解放的历史任务。婚姻自由是

---

① 参见张希坡:《中国婚姻立法史》,人民出版社2004年版,第81页。

② 中华全国妇女联合会妇女运动史研究室编:《中国妇女运动历史资料(1921～1927)》,人民出版社1986年版,第249页。

③ 参见中共中央文献研究室、中共湖南省委《毛泽东早期文稿》编辑组编:《毛泽东早期文稿(1912年6月～1920年11月)》,湖南出版社1990年版,第435～447页。

④ 参见中华全国妇女联合会妇女运动史研究室编:《中国妇女运动历史资料(1921～1927)》,人民出版社1986年版,第233页。

妇女解放事业的核心命题。正如妇女解放被赋予厚重的阶级斗争色彩一样,婚姻自由也被打上了革命的烙印。它不再仅仅是一个家族传宗接代或者满足个人情感和发展的私领域,而被赋予了全新的任务和内涵。

(四)民国政府制宪过程中对婚姻自由的讨论

辛亥革命后,以孙中山先生为首的资产阶级革命派领导的民主革命运动,推翻封建帝制,成立中华民国。具有先进思想的革命先驱们提出建议,希望以法律的形式对婚姻自由加以规定。1912 年,蔡元培、宋教仁等人发起成立了社会改良会,以人道主义及科学精神提出 36 条社会改良原则,其中就包括提倡自由结婚、承认离婚之自由、承认再婚之自由等。① 但是这些有关婚姻家庭的改良主张并没有被当时的南京临时政府所采纳。立法进程与社会舆情的发展相比,稍显滞后,但还是处于不断完善之中。国民党第二次全国代表大会提出,要根据结婚离婚自由的原则制定婚姻法;反对多妻制和童养媳,不得蔑视再婚妇女,保护女性和儿童。② 1930 年《中华民国民法·亲属编》规定,男女双方当事人应该自行订立婚约;夫妻俩愿离婚者,可以自行离婚。这些规定与清末的旧律相比,虽有一定程度的改革,比如承认成年男女在订婚和离婚方面的自主性,但同时又包含浓厚的封建残余。③

强调家国一体化的封建宗法制度蔓延数千年,国民接受了儒家文化的全方位浸润。20 世纪初期的知识分子站在近代化的关口,在调适个人、家庭和国家的关系上,面临着比西方国家更大的

---

① 参见上海《民立报》1912 年 3 月 29 日。转引自张希坡:《中国婚姻立法史》,人民出版社 2004 年版,第 74 页。

② 参见张希坡:《中国婚姻立法史》,人民出版社 2004 年版,第 86 页。

③ 参见张希坡:《中国婚姻立法史》,人民出版社 2004 年版,第 85 ~95 页。

挑战。民初的先进人士接受了婚姻自由的理念,认识到要把个人从家庭的束缚中解脱出来,也明确指出了婚姻自由对于社会和国家的重要性。但是,知识界先进人士的各项主张并没有在北洋政府和国民政府的宪法层面上体现出来。从民初的各种宪法草案来看,他们并没有意识到要把这样的思辨上升到根本法的层次,婚姻自由没有成为国家保障的基本权利,北洋政府和南京国民政府都没有从国家制度的高度来认识婚姻制度,没有通过宪法来调整或者稳定这样的个人、家庭和国家三者之间的关系。

南京国民政府成立之后,受到德国魏玛宪法体例的影响,若干草案建议在宪法中规定婚姻家庭的内容。[①] 参与其中的学者发挥了重要作用。他们所提出的方案中,有不少规定了关于婚姻家庭的条款,将其作为国民的权利之一,甚至与民族的维系和发展联系起来。最典型的体现是由法学家吴经熊先生主笔完成,并于1933年以个人名义发表的《中华民国宪法草案试拟稿》。吴经熊是宪法草案起草委员会的副委员长,他参与了起草、审核和修正工作的整个过程。他提出的宪法草案第二章是"民族之培养",在这一章中规定了婚姻、家庭制度。此外,宪法草案起草委员会的另一副委员长张知本提出的宪法草案,同样将婚姻家庭相关内容放在第二章"民族"中。又如,薛毓津提出的宪法草案在第三章"人民之基本权利"中专门设置第二节"家庭"条款。[②] 具体规定如表2-1所示。

① 参见苏永钦主编:《部门宪法》,台北,元照出版有限公司2006年版,第798页。

② 参见薛毓津:《中华民国宪法草案(节本)》,载夏新华、胡旭晟、刘鄂、甘正气、万利容、刘姗姗整理:《近代中国宪政历程:史料荟萃》,中国政法大学出版社2004年版,第900页。

表 2－1　“五五宪草”学者试拟稿中有关婚姻、家庭制度的规定

吴经熊提出的“宪法草案试拟稿”	
第 17 条	婚姻为民族发达之基础，应受国家之保护。男女两性应本平等互助之精神，共谋家庭之幸福。患精神病及其他遗传性之恶疾者，有贻害于民族及社会之危险，得以法律禁止其婚姻或防止其生育
张知本提出的“宪法草案试拟稿”	
第 12 条	婚姻以男女平等为本，由国家保护之
薛毓津提出的“宪法草案试拟稿”	
第三章第二节	婚姻为家庭生活之基础，受宪法特别保护；关于婚姻，以男女有同等权利为原则。禁止童养媳及男女在十五周岁以下的婚约。家庭生活夫妇有同等权利

学者们提出的具有代表性的宪法草案，将婚姻家庭条款放在不同位置，可以看出民初知识分子们对于该问题理解的角度不同。薛毓津的版本主要针对封建婚姻制度的残余，并没有进一步厘清婚姻家庭与国家之间的关系，或者说赋予其对抗或者顺从国家的功能意义；吴经熊和张知本的版本都没有从民权或者民生的角度来定位婚姻家庭的角色，而是站在民族延续和发展的更高角度来认识婚姻和家庭的功能，明确了婚姻是民族发达的基础，国家有义务提供保护。这些规定一定程度上反映出学者们对于婚姻家庭与国家的关系有了更全面和更积极的认识以及构想。

二、革命根据地时期的制宪实践

在新文化运动中，婚姻自由作为观念启蒙意义上的讨论已经相当成熟了，但这也仅仅停留在观念层面。要论婚姻自由与法治相连接的起点,并且何时进入宪法的规定之中,则始于中国共产党领导的法治实践。价值体系要转化为规范体系之后,才具有现实意义。中国共产党的立宪实践始于1931年11月7日通过的《中华苏维埃共和国宪法大纲》(以下简称《宪法大纲》),其中已经规定了婚姻自由的内容,并予以实施。中国共产党一直坚持从根本法的高度来定位婚姻制度,将婚姻自由视为宪法所保障的一项基本权利,并在实施中更新其规范内涵,以反映不同历史时期法治实践的要求。

毛泽东很早就认识到要从根本法的高度来规定婚姻自由。1921年4月25日,他发表了《省宪法草案的最大缺点》一文,公开揭露湖南军阀赵恒惕制宪的骗局,并提出各项社会改革主张,包括对于婚姻和家庭的改革。他提出,人民应该拥有自由主张其婚姻的权利。除了要遵守法律所规定的结婚年龄之外,个人的婚姻大事包括离婚,不受任何人的限制。他明确提出:"定婚权由父母移于子女之关系改变各国婚姻制度之大者,则定之于宪法。"①这也就是说,他明确提出婚姻制度是一国的重要制度,以婚姻自由为主要内容,对其规定应该上升至宪法的高度。后来革命根据地制定的宪法性文件明确规定了婚姻家庭制度的基本原则,婚姻自由也成为中国共产党在革命时期领导制定的历部宪法性纲领的重要内容之一。(见表2-2)

① 参见中共中央文献研究室编:《毛泽东年谱(一八九三—一九四九)》(上卷),人民出版社1993年版,第83页。转引自张希坡:《中国婚姻立法史》,人民出版社2004年版,第80~81页。

表 2－2　革命根据地时期宪法性纲领中的有关婚姻制度的规定

宪法性纲领	规定
《中华苏维埃共和国宪法大纲》第 11 条	中国苏维埃政权以保证彻底的实行妇女解放为目的,承认婚姻自由,实行各种保护女性的办法,使妇女能够从事实上逐渐得到脱离家务束缚的物质基础,而参加全社会经济的政治的文化的生活
《陕甘宁边区施政纲领》第 16 条	依据男女平等原则,从政治经济文化上提高妇女在社会上的地位,发挥妇女在经济上的积极性,保护女工、产妇、儿童,坚持自愿的一夫一妻婚姻制

(一)《宪法大纲》中的婚姻自由

土地革命战争时期,第一次全国工农兵代表大会于 1931 年 11 月在江西瑞金召开,并通过了《宪法大纲》。这部宪法大纲在 1934 年 1 月又进行了修改①,是中国共产党历史上颁布的第一部宪法性文件,是在土地革命战争时期建立红色政权、确立政治存在的开始,也是我国历史上第一个由劳动人民亲手制定的具有彻底民主主义性质的宪法。20 世纪 20 年代,早期的共产主义运动致力于组织动员都市女工改善妇女工作条件和提高工资待遇。②大革命失败后,中国共产党的工作重心从城市转向农村。建立农村革命根据地之后,农村地区的广大妇女长期贫困和受到压迫的问题才得到重视,农村地区的婚姻、家庭改革才逐步展开。由此,妇女解放运动的重心也从动员都市女工进行提高工资待遇、改善工作环境的斗争,转移到依靠农村革命根据地的广大劳动妇女解放农村的生产力。

① 参见许崇德:《中华人民共和国宪法史》,福建人民出版社 2003 年版,第 16 页。

② 参见丛小平:《从"婚姻自由"到"婚姻自主":20 世纪 40 年代陕甘宁边区婚姻的重塑》,载《开放时代》2015 年第 5 期。

这一工作方向的转变同样体现在《宪法大纲》对于妇女保护和婚姻自由相关规范的明确表述中。根据《宪法大纲》第11条的规定："中华苏维埃政权以保证彻底的实行妇女解放为目的，承认婚姻自由，实行各种保护女性的办法，使妇女能够从事实上逐渐得到脱离家务束缚的物质基础，而参加全社会经济的政治的文化的生活"，这一条文的前后都是妇女解放和妇女权益保护的内容，婚姻自由的规定被置于其中。婚姻自由在这里并不具有价值和目的意义上的独立性，而是作为妇女解放运动的一部分，婚姻自由的实现是为了更好地保护妇女的各项权利。

从文义上来分析该条文，中华苏维埃政权着眼于农村妇女的解放，并且是"彻底"的解放。所谓"彻底"，意思是"一直到底，深入而透彻"①，完全而无所遗留。这意味着苏维埃政权要完全清除压迫妇女的封建制度，毫无保留地解除妇女受到的束缚，使之得到自由和发展。此为"解放"的固有含义。"承认"的意思是指肯定、同意和认可，并且是用语言文字表达的明确认可，而不是默认。既然确认了婚姻自由在法律规范上的存在，并且是宪法性纲领中的内容，那么必然会肯定并接受该规定在政治和法律上的效力，使之成为苏维埃政权运作和实践的指导原则之一。由上述规定可见其决心是颠覆性的，没有任何妥协余地的。这一条文还规定要从事实上使妇女能脱离家务的束缚，并强调是拥有可以脱离该束缚的物质基础。这里的"物质基础"主要是指经济条件，不是指作为生产关系总和的经济基础，而是强调把经济地位的独立视为妇女解放的重要条件，让妇女拥有生产资料，投入根据地的

---

① 参见中国社会科学院语言研究所词典编辑室编:《现代汉语词典》，商务印书馆2017年版，第158页。

经济建设。

这一规定与中国农村宗族组织的实际状况是相符的。毛泽东曾分析过，政权、族权、神权，以及夫权，共同构成了中国古代社会全部封建宗法的思想和制度。[①] 家庭财产和一切事务由男性家长主导，女性则居于从属地位，受到男子的支配，遭受了来自上述权力的多重压迫，"她们的痛苦比一切人大"。[②] 在这种情况下，妇女要独立的首要条件就是拥有一定程度上的经济主导权，可以决定家庭生产资料的分配和使用，参与到根据地的经济建设中并获得劳动成果。《宪法大纲》中对于妇女解放的强调与革命根据地建设的严峻形势是相符的。中国共产党的工作重心转移到农村之后，国民党疯狂进攻，工农红军在战斗中减员，男性青壮年走向战场。要维护苏维埃政权，必须动员一切人力物力进行人民战争，吸收劳动妇女群众到革命中来，并在《宪法大纲》中第一次规定：在苏维埃法律面前，男女一律平等。这是妇女解放和男女平等的思想第一次触及中国的农村社会，是对农村社会传统秩序的强大冲击。[③] 中国共产党鼓励妇女参加生产劳动，既实现了妇女的经济独立，这是《宪法大纲》中要求的"物质基础"，也解决了解放区由于大量男子参加作战导致的劳动力匮乏危机。妇女解放运动与土地革命战争之间形成良性互动，是根据地革命事业的重要内容。

苏维埃政府中央执行委员会依照《宪法大纲》的规定，以婚

---

① 参见毛泽东：《湖南农民运动考察报告》，载《毛泽东选集》(第1卷)，人民出版社2008年版，第31页。

② 参见《毛泽东农村调查文集》，人民出版社1982年版，第177~178页。

③ 参见王涛：《世界社会主义运动视阈下的中国妇女解放》，中国社会科学出版社2015年版，第74页。

姻自由的原则为指导，总结了苏维埃政权创建以来各地区婚姻立法的经验，并受到1926年《苏俄婚姻法》以及五四新文化运动的影响，在1934年颁布了《中华苏维埃共和国婚姻法》。这是红色苏区第一部完整的婚姻法[①]，确立了婚姻自由和一夫一妻的基本原则，完善了结婚制度，废除包办和买卖婚姻，增加了对军婚的保护，对红军战士的妻子单方面提出的离婚要求做了限制，加强对非婚生子女的保护，并且在各项规定上偏重于保护女性。因为苏区政府已经意识到女子在封建压迫中受到了很大的伤害，包括身体上的和精神上的，也还没有独立的经济实力，所以应给予她们更多的保护，将更多的义务和责任交由男子负担。[②] 这些都成为贯穿《宪法大纲》中妇女保护和婚姻自由条款在具体实施过程中的基本指导方针。

（二）《施政纲领》中"自愿的婚姻"

在抗日战争时期，革命根据地也曾产生过人民自己的宪法性文件，比如1941年10月颁布的《施政纲领》。这部纲领明确了团结作战以对抗日本侵略的总方针，还包括了中国共产党在敌后根据地实施的各项政策，是带有根本法性质的政治纲领。抗日战争时期中国共产党各种政策的主要目的，是要扩大抗日民主统一战线的范围，共同抗击日本帝国主义的侵略。那么这一时期的婚姻制度改革和妇女运动也要在抗日民族统一战线的旗帜下进行。

《施政纲领》作为边区政府的宪法性文件，在根据地的婚姻

---

① 参见王歌雅：《红色苏区婚姻立法的习俗基础与制度内涵》，载《黑龙江社会科学》2005年第2期。

② 参见1931年11月中央执行委员会《关于暂行婚姻条例的决议》，载厦门大学法律系、福建省档案馆编：《中华苏维埃共和国法律文件选编》，江西人民出版社1984年版，第233页。

制度上也根据战时需要作了相应调整。就婚姻制度而言,第16条规定了“坚持自愿的一夫一妻婚姻制”。该规定延续了中国共产党以往重视女性群体,将婚姻制度的改革与妇女权益保护紧密结合的实践风格,强调了提升妇女的地位,鼓励妇女为生产和斗争贡献力量,并积极发挥主观能动性,保护弱势群体。但是,有关婚姻制度的规定只明确了坚持一夫一妻制,婚姻自由的明确表述缺失,而改以“自愿”一词来取代。

从文义上的差别来看,“自愿”是指自觉、自己愿意[①],意味着没有强迫,行为人的某项决定或者举动是根据自己的意愿而进行,而不是迫于外来压力。但是这并不代表外在的限制或者阻碍完全不存在,因为行为人身处的环境并非可以实现完全的自我支配,或者说需要决策的事件本身并不是可以根据自由意志而行动的,也无法为自身的行为负责。相较之下,“婚姻自由”的概念在农村革命根据地则有误导农民的可能性。“自由”和“自愿”的含义相近,但也具有明显的差别。“自由”更具有开放性,如果没有加以明确限制,会有被人滥用成任意性的可能,而“自愿”则限制了这种隐含的任意性[②],强调行为者对某一具体事件的意愿。当婚姻自由离开了城市知识分子的话语圈,进入农村地区的社会语境中,会被农民理解为在婚姻问题上可以任凭自己的意愿为所欲为。事实证明,农村家庭的家长确实利用婚姻自由的规定干涉子女的婚姻决定,尤其是女方的家庭以此变相获取彩礼,强化了家长对于女儿的控制。

---

① 参见中国社会科学院语言研究所词典编辑室编:《现代汉语词典》,商务印书馆2017年版,第1740页。

② 参见丛小平:《从“婚姻自由”到“婚姻自主”:20世纪40年代陕甘宁边区婚姻的重塑》,载《开放时代》2015年第5期。

相比起前述《宪法大纲》中明确承认婚姻自由的表述,《施政纲领》代之以更具现实意义的婚姻自愿原则,这一原则也被写进了1944年的《修正陕甘宁边区婚姻暂行条例》和1946年的《陕甘宁边区婚姻条例》,并付诸司法实践。这是一种顺应时局和抗战形势的调整。这种调整不仅为了适应陕甘宁边区的军事经济状况和社会文化生态,而且更加有利于当时情境下的法律实践。以1939年边区政府颁布的《陕甘宁边区婚姻条例》为例。该条例将边区婚姻制度改革的原则简化为"婚姻自由"的口号,强调男女结婚需要双方建立在个人自由意志与感情基础之上,废除纳妾、童养媳、包办婚姻、买卖婚姻等旧式习俗。这一条例的规定是江西苏维埃政府时期婚姻政策的延续,最大限度上反对了农村落后的婚姻习俗,保护了婚姻自由,尊重婚姻当事人的个人意志。但是这一条例的推行遭到了乡村农民家庭的强烈抵制。围绕个人爱情展开的新式婚姻家庭观念并不能在短时间内被广大农民接受,这必然使理想化的婚姻制度在执行中产生相当大的混乱。这样不仅不利于调动农村民众的生产积极性,更破坏了抗日民族统一战线内部的团结。因此才有了前述1944年和1946年的两次修正条例。

但是,这种做法并不是对农村封建残余的妥协,也不是怠于完成从父权制下解放妇女的目标,不能将官方文件中的表述简单地等同于妇女解放活动的现实,消解了女性的主体性。如前文所述,所谓的"妥协"主要是针对农村女方家长利用婚姻自由,破坏既定婚约,获取财产的做法,意在真正削弱父权家长制的权威,赋予女性选择婚姻的权利。由于彩礼上涨,女方家庭有强烈的退婚动机,要求政府解除原有婚约。① 女性只能听从家庭中的家长命令,帮助家庭获取物质利益。这样也产生了大量人财两空的男性农民,威胁着农村家庭的生存。所以,激进的婚姻政策并没有达到原有的立法目的,没有使妇女获得真正的解放,反而使家长对女性获得更大的控制权。

婚姻自由的先决条件是承认婚姻是个人事务,个体拥有追求婚姻的自由,但是抗战时期的边区环境并不具备这个前提条件,因为农民们认为婚姻不是男女主体个人的事务,而是与家庭相互捆绑的。在以家庭为主体的情况下,家长行使这项自由,在边区经济危机和彩礼"通货膨胀"的情况下获取财产利益,实际上强化了父权控制。面对这种立法原意和现实之间的张力,边区政府进行了调整,把1939年《陕甘宁边区婚姻条例》中有关"个人自由意志"的原则,改为"婚姻以自愿为原则"。具有宪法性纲领性质的《施政纲领》也表述为"坚持自愿的一夫一妻婚姻制"。具体到边区的婚姻政策上来讲,就是更注重作为婚姻当事人的男女双方个体对于结婚的个人意愿。这种坚持自愿原则的婚姻制度,对边区的司法实践也具有指导意义。1942年边区高等法院指示各级司法处"不能机械套用婚姻自由原则"。② 很多法庭随后以"自

① 由于自然灾害和战乱,农村经济凋敝,饥荒肆虐,大量农民破产,彩礼往往是拥有女儿的农民应对家庭经济困难的路径,因此彩礼价格上涨。这种习俗被认定为买卖婚姻。在20世纪40年代,边区农村的彩礼价格持续上涨。部分原因在于中国共产党的队伍来到贫瘠的地区,男性人口数量上升,女性数量短缺,性别比例鸿沟扩大。并且,边区地域狭小,土地贫瘠,自然资源匮乏,人口增加导致广泛的通货膨胀。参见朱鸿召:《延安日常生活中的历史(1937~1947)》,广西师范大学出版社2007年版,第283页。

② 参见(边区)高等法院:《指示信3号》,陕西省档案馆藏,全宗号15,卷号33。转引自丛小平:《从"婚姻自由"到"婚姻自主":20世纪40年代陕甘宁边区婚姻的重塑》,载《开放时代》2015年第5期。

愿”和“自主”作为处理婚姻纠纷案件的原则，单独询问妇女的意愿，强调双方当事人尤其是女方的个人意愿和选择权，排除父母还有第三方对于妇女的不当影响。

这一历史阶段的经验说明，复杂的历史进程和成功的社会变革需要不同的步骤，并符合相应的社会条件。陕甘宁边区是中国典型农业社会的缩影，家长权力是农村权力体系的重要组成部分。当城市中的新文化运动充斥着追求个人自主和婚姻自由的话语，而农村地区的婚姻却依然是家庭事务，而非个人可以选择的事项。在这种情况下，宣传个人的婚姻自由会导致这种自由被家庭劫持，成为这个家族中家长的特权。《施政纲领》中的规范表述从“婚姻自由”转变为“婚姻自主”，这种字面上的变化是将观念层面的仅具有价值导向意义的“婚姻自由”转变为更具有实践意义的“婚姻自主”，使女性真正获得了可以操作的事实权利，而不仅仅是一种理想化的愿景。这种原则由中国共产党在边区多年的实践经历加以丰富。婚姻自由这一概念已经不再是来源于西方、局限于城市、停留在知识分子圈中的空洞表述，而是与中国本土社会有了更多的协调和融合，凝聚了中国革命的经验和中国人民对于婚姻生活的理解，在中国的土地上落地生根，具有了更加丰富的价值内涵，是真正可以解决中国问题的“婚姻自由”。从这个意义上讲，《施政纲领》的规定和实施是“婚姻自由”中国化的重大发展，改变了 20 世纪中国社会婚姻、家庭与国家之间的关系，为后续宪法的制定和实施提供了宝贵的经验。

三、中华人民共和国成立后的婚姻自由

我国现行宪法是在《共同纲领》和 1954 年宪法的基础上进行的全面修改。本节内容以新中国成立初期《共同纲领》和 1954 年宪法中对于婚姻家庭的规定和实施状况为分析对象，阐述婚姻自

由在这一历史阶段的变迁，对于现行宪法相关规定的分析则作为后续章节集中论述的重点。（见表2－3）

表2－3 《共同纲领》和中华人民共和国成立后历部宪法文本有关婚姻制度的规定

宪法文本	规定
《共同纲领》第6条	中华人民共和国废除束缚妇女的封建制度。妇女在政治的、经济的、文化教育的、社会的生活各方面，均有与男子平等的权利。实行男女婚姻自由
1954年《宪法》第96条	中华人民共和国妇女在政治的、经济的、文化的、社会的和家庭的生活各方面享有同男子平等的权利。婚姻、家庭、母亲和儿童受国家的保护
1975年《宪法》第27条第5款	婚姻、家庭、母亲和儿童受国家的保护
1978年《宪法》第53条第2款	男女婚姻自主。婚姻、家庭、母亲和儿童受国家的保护
1982年《宪法》第49条第1款和第4款	婚姻、家庭、母亲和儿童受国家的保护。禁止破坏婚姻自由，禁止虐待老人、妇女和儿童

（一）《共同纲领》中的婚姻自由

《共同纲领》通过之时，全国人民面对的主要任务是将革命的军事行动进行到底，恢复国民经济，完成土地制度的改革，彻底消灭封建主义，而不是立即搞社会主义和立即消灭民族资产阶级。这个时期的中国社会性质是新民主主义社会。因此，《共同纲领》中规定的内容也完全是从中国当时的具体国情出发，其实际作用和法律效力是具有暂时性和过渡性的。[①] 它发挥实际作用的时期只有 5 年,从 1949 年中国人民政治协商会议第一届全体会议通过之时起,到 1954 年 9 月第一届全国人民代表大会第一次会议通过《中华人民共和国宪法》止。

《共同纲领》第 6 条规定:“中华人民共和国废除束缚妇女的封建制度。妇女在政治的、经济的、文化教育的、社会的生活各方面,均有与男子平等的权利。实行男女婚姻自由。”这一条由 3 句话构成,分别涉及解放妇女、男女平等、婚姻自由。该规定将妇女权益保护和婚姻改革的内容置于同一条中,延续前述《宪法大纲》和《施政纲领》的做法。第一句话从整体上阐明要废除约束、限制妇女的旧式封建制度,这是指明建国之后妇女工作的总体方向,明确斗争的对象是封建残余思想和习俗,而不是资本主义社会剥削、压迫女工的现象,这一点要区别于建设社会主义阶段的妇女工作重点,也是与新民主主义社会的主要矛盾和主要任务是相符合的。第二句话是强调男女平等的原则,鼓励妇女进行政治参与,投入到经济发展、文化教育等社会生活的各方面,改变过去妇女只能在家庭中相夫教子的现象。这是对妇女在新民主主义革命中所展现出来的强大力量的认可,也是新中国成立初期需要尽可能多地发动全社会力量投入革命和建设的现实需要。第三句话“实行男女婚姻自由”是对婚姻制度的基本规定,以婚姻自由为核心和主要原则来构筑这部宪法性文件中的婚姻规范。这里恢复了“婚姻自由”的说法,并在前边加上了“男女”二字,也删去了《施政纲领》中规定的一夫一妻制。《共同纲领》中的婚姻自由规范体系是在新的历史条件下,对《宪法大纲》和《施政纲领》

① 参见许崇德:《中华人民共和国宪法史》,福建人民出版社 2003 年版,第 75 页。

的继承和发展。

几部宪法性文件之间具有延续性，因此对于这一条中“实行男女婚姻自由”的理解应注意以下几点。第一，即便一夫一妻制的内容缺失，也应该理解为这一要求已内化在婚姻制度的要求之中，而不是说一夫多妻或者一妻多夫现象有了存在的空间。因为一夫一妻制是婚姻自由的固有之义，无须指明。第二，这里将《施政纲领》中的“自愿”又换成了“自由”的表述。根据在陕甘宁边区的实践经验，婚姻自由不是毫无边界的，该项权利已经内在地含有了限制。同时要保证真正的婚姻关系主体享有该权利，而非被他人利用。第三，对于“男女”二字，可以有两种理解：一是对男性和女性的统称，以此来指代所有人；二是强调婚姻的双方主体，婚姻关系只能存在于男性和女性之间，只有一男一女才能结婚。在革命根据地时期，为了配合妇女解放运动，使妇女摆脱封建婚姻制度的压迫，中国共产党具有倾向性给予女性更多的在婚姻中自由选择的权利，而男性的婚姻自由却没有得到相同程度的重视。但现实中，青年男女都是受到旧式婚姻制度束缚的受害者，并且经过民主革命中妇女运动的发展，女性受到压迫的现象得到缓解，男性婚姻自由的保障也应该受到重视。

（二）1950 年《婚姻法》作为 1954 年宪法的制定背景

1950 年颁布的新中国第一部法律——《中华人民共和国婚姻法》（以下简称《婚姻法》）规定了“实行男女婚姻自由”，建立新民主主义婚姻制度。20 世纪 50 年代，围绕我国第一部《婚姻法》的制定和实施，展开了婚姻制度改革运动。有学者认为中国共产党将这场运动的意义提升至了接近根本法制定的高度[①]，赋予其政治动员、制度建构等深层次含义。这是新中国成立初期破旧立新、倡导婚姻自由、男女平等新观念的必然要求，也是消除封建残余、巩固新政权、完成国家建构的政治需要，同时它与中国自古以来家国一体化的社会特点相符合。1950 年《婚姻法》的颁布及实施强化了党和政府的权威，通过对家庭这个社会细胞的改变，使整个社会的面貌焕然一新，为 1954 年宪法的制定奠定了社会基础。这场全国范围内的婚姻制度改革运动，宣传的是婚姻自由、男女平等的理念，促进了全体人民个人自主、平等意识的觉醒，为 1954 年新宪法的制定工作清除了思想观念上的封建残余影响，也是制宪前期必要的社会教育。1950 年《婚姻法》是新中国的第一部法律，比新中国第一部宪法还要早四年。从某种角度上说，1954 年宪法中有关婚姻家庭方面的规定是对 1950 年《婚姻法》立法精神的延续和提升，也是对该部《婚姻法》实施 4 年以来的经验总结和升华。

本书梳理了自新中国成立之后到 1954 年宪法颁布之间，全国制定或批准的法律和有关法律问题的决定，一共 25 件。通过对比这些法律和决定的制定主体和内容，可以凸显 1950 年《婚姻法》在这一时期所具有的特殊历史地位和意义。[②]

1949 年 10 月 1 日至 1954 年 9 月 20 日，制定或批准的法律和有关法律问题的决定（共 25 件）具体领域的分布见图 2－1：

① 参见金眉：《我国上世纪 50 年代婚姻制度改革运动的反思》，载《法学》2010 年第 8 期。

② 这一时期的法律统计参见全国人大常委会法工委立法规划室编：《中华人民共和国立法统计（2008 年版）》，中国民主法制出版社 2008 年版，第 190～193 页。

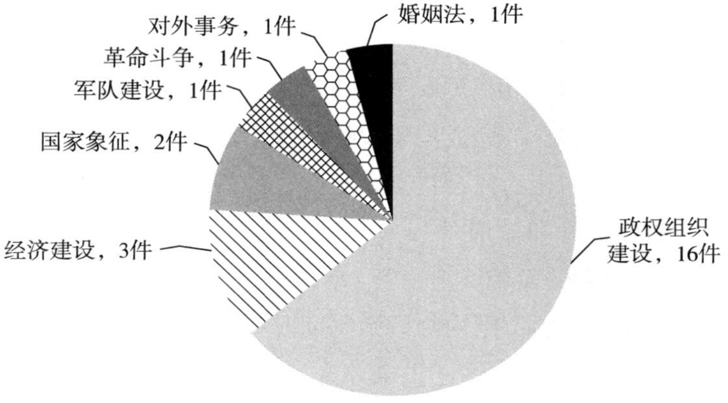

图2－1　1949年10月1日至1954年9月20日制定或批准的法律和有关法律问题的决定

注：除婚姻法之外，图2－1各领域的法律或有关法律问题的决定具体如下。政权组织建设：省各界人民代表会议组织通则、市各界人民代表会议组织通则、县各界人民代表会议组织通则、中央人民政府政务院及所属各机关组织通则、工会法、人民法庭组织通则、法院暂行组织条例、中央人民政府最高人民检察署暂行条例、各级地方人民检察署组织通则、中央人民政府任免国家机关工作人员暂行条例、各级人民政府民族事务委员会试行组织通则、关于召开全国人民代表大会及地方各级人民代表大会的决议、全国人民代表大会及地方各级人民代表大会选举法、保守国家机密暂行条例、惩治贪污条例、民族区域自治实施纲要。经济建设：关于发行人民胜利折实公债的决定、新解放区农业税暂行条例、土地改革法。国家象征：关于中华人民共和国国庆日的决议、中央人民政府公布中华人民共和国国徽的命令。军队建设：民兵组织条例。革命斗争：惩治反革命条例。对外事务：中央人民政府政务院关于与外国订立条约、协定、议定书、合同的统一办法之决定。

从以上图2－1反映的内容来看，新中国成立之后到1954年宪法通过之前，这25件法律和有关法律问题的决定，涉及的内容主要包括以下几个方面：各级政权组织建设、军事管理、土地改革、镇压肃清反革命、民主政治建设、农村和城市经济建设、民族事务、国家象征。这些法律或决定都是与国家建构、政权建设、社会革命等密切相关的内容。新中国成立初期的立法活动承担着宏大使命,但唯独出现了一部看似主题与国家政治无关、调整个人私生活领域的《婚姻法》,而且是新中国成立后颁布施行的第一部法律。由这样的对比可以推测,1950 年《婚姻法》并不是一部简单的部门法。它具有很强的破旧立新精神,在相当程度上也发挥了巩固新政权的功能,为 1954 年宪法奠定了政治基础和社会基础。

1.1950 年《婚姻法》的制定过程

《婚姻法》于 1950 年 5 月 1 日颁布实施,但是其起草工作则开始于新中国成立前。1948 年 9 月在西柏坡召开的妇女工作会议,就是迎接新的人民政权工作的一部分。会议上,刘少奇指出要将《婚姻法》提高到新中国制度建设的高度,①阐明了中共中央对《婚姻法》起草工作的态度和原则,尤其对婚姻自由的保障作了强调。他提出,一些革命根据地(陕甘宁、晋绥、晋察冀、晋冀鲁豫)的婚姻条例没有经过中央批准,保留了封建婚姻的传统,出现了错误,"闹出了无纪律无政府状态",致使一些妇女在结婚、离婚时受到这些条例的束缚。他指出,结婚应当是双方自愿的,需要本人同意,不是家人包办。结婚的事情,双方当事人的父母同意当然很好,但如果父母不同意也可以结婚。他强调一定要将这一条确定下来,因为有些根据地的婚姻条例要求父母同意才能结婚,还需要另外的两个证明人,这样的形式要求就使得婚姻不自

① 王思梅:《新中国第一部〈婚姻法〉的颁布与实施》,载《党的文献》2010 年第 3 期。

由。[1] 他强调,中国共产党对于婚姻自由的主张历来就有,并且不存在争论和其他分歧的意见,因此婚姻条例要统一,法律以及指导思想都要统一。

《婚姻法》的起草小组与中央法律委员会合作,收集了城市乡村的各项婚姻材料,深入调查了解放区人民群众的婚姻状况,参考了江西苏区和各个革命根据地的婚姻条例,学习借鉴了苏联以及东欧其他新民主主义国家的婚姻法。[2] 马克思主义经典著作中有关妇女解放和婚姻家庭发展的思想也渗透到了《婚姻法》的制定和讨论过程中,对妇女在革命斗争和国家建设中的重要作用和地位形成了共识。

《婚姻法》的起草还需要遵守《共同纲领》中有关婚姻家庭内容的规定。作为具有根本法性质的临时宪法,《共同纲领》必然成为《婚姻法》制定需要遵守的上位法规范,它是一般法律制定的立法依据。换言之,《婚姻法》的内容需要体现《共同纲领》的原则和精神,并将其中有关妇女权益保护和婚姻家庭的相关内容进行具体化。另外,此次立法与中国共产党在根据地开展的革命实践具有延续性。婚姻自由、男女平等,以及保护妇女儿童等规定是《婚姻法》起草工作坚持的基本原则[3],也是起草小组成员坚定不变的理念。这部法律要达到的一个主要目标便是,为当时依

---

① 参见刘少奇:《讲讲婚姻问题》,载《关于新中国第一部〈婚姻法〉制度与实施的文献选载》,载《党的文献》2010年第3期。1948年10月5日,刘少奇就妇女工作问题做了长篇讲话。该文章是这篇讲话中关于婚姻问题的一部分。

② 参见王思梅:《新中国第一部〈婚姻法〉的颁布与实施》,载《党的文献》2010年第3期。

③ 参见邓颖超:《关于中华人民共和国婚姻法的报告》,载《党的文献》2010年第3期。这是邓颖超在中国共产党张家口市委、张家口市人民政府为学习《婚姻法》召开的扩大干部会议上所作的报告。

然受到旧式封建婚姻家庭制度压迫的女性提供法律武器，使她们可以真正摆脱封建的包办、强迫与买卖婚姻。起草工作历时 1 年零 5 个月时间，其间召开多次座谈会，广泛征求意见，于 1950 年 5 月 1 日起施行。[①] 这部法律的制定过程经历了新中国成立的伟大时刻，为中国共产党的工作重心由乡村转移到城市，夺取全国胜利和建设新中国，做了充分的准备，也是中国共产党建立新政权、转变为执政党的角色后领导的第一次成功的立法实践。

2. 1950 年《婚姻法》的内容和特点

1950 年《婚姻法》共 8 章 27 条，部分内容涉及家庭关系，主要是调整婚姻关系，体现了婚姻自由、男女平等、一夫一妻和保护妇女儿童权益的新民主主义婚姻制度的原则和特征，构建起了新中国的婚姻家庭制度，奠定了此后各部《婚姻法》的基本精神和框架。考虑到妇女是封建婚姻制度的主要受害者，《婚姻法》强调了保障妇女的婚姻自由，废除包办、强迫和买卖婚姻，废除男尊女卑、纳妾、重婚、童养媳等做法。在起草过程中，邓颖超坚持为妇女的离婚自由提供最大限度的保障。她认为在婚姻问题上最痛苦的是妇女。婚姻法既然要破旧立新，建立新的秩序，就必须改变长期存在的男女不平等现象，从最大多数妇女利益出发，不能有照顾少数男人的观点。[②]

当时中国社会处于新旧交替的过渡时期，立法者对于这个时期的特点和任务有着非常准确的把握。一方面，要积极建设新的婚姻制度，保障充分的婚姻自由，鼓励人民为建立新的家庭而奋

---

① 参见邓颖超：《关于中华人民共和国婚姻法的报告》，载《党的文献》2010 年第 3 期。

② 参见邓颖超：《对于婚姻法内"一方坚持离婚可以离婚"一条的意见》，载《党的文献》2010 年第 3 期。

斗。另一方面，要参照但适当区别于苏联的婚姻法，因为苏联已经从根本上铲除了旧的婚姻制度，实现了婚姻自由，他们的任务和目标已经从破坏旧制度变成了反对和杜绝对婚姻的轻浮态度和处理方式，适当限制婚姻自由，引导大家巩固既有的家庭[①]，中国《婚姻法》的制定不能完全照搬苏联的做法和经验。所以，新中国第一部《婚姻法》是一部符合中国国情，切合时宜的新民主主义婚姻法，要与旧的制度实现彻底的切割，承担完成新民主主义革命的使命，为新政权的巩固和新制度的建立奠定坚实基础。

3.1950 年《婚姻法》的实施

1950 年《婚姻法》颁布之时，我国正处于需要调动全社会力量进行社会秩序重建的重要时期。这一阶段所有的立法以及法律实施活动都需要服务于这一任务。作为社会最小细胞的家庭，也需要承担相应使命。因此，《婚姻法》虽然颁布，但还需要动员国家力量，在全社会推动《婚姻法》的实施。从政府机关到民主党派、群众团体都有义务广泛宣传和解释《婚姻法》，并引导和帮助广大群众了解和学习该法律。[②] 与此同时，各级法院与当地妇联密切配合，定期研究和处理婚姻案件。由于婚姻案件过度积压，有些法院一次性集体传唤数十起婚姻案件的当事人，集体调解、集体判决，甚至对典型案件进行公开审判。[③] 到此为止，这场运动的前期是大规模的全民宣传和教育活动，以思想理念更新为

---

① 参见邓颖超：《关于中华人民共和国婚姻法的报告》，载《党的文献》2010 年第 3 期。

② 参见 1950 年中央人民政府法制委员会：《关于中华人民共和国婚姻法起草经过和起草理由的报告》，载张培田主编：《新中国法制研究史料通鉴》（第 1 卷），中国政法大学出版社 2003 年版，第 918 页。

③ 参见张志永：《婚姻制度从传统到现代的过渡》，中国社会科学出版社 2006 年版，第 125 页。

先导,以法律权威为支撑。后期中央组织检查组对各地婚姻法的执行情况进行大规模的检查,并适时调整方向和工作方法,以确保《婚姻法》得到顺利实施。

随着新中国成立初期国民经济的迅速恢复、农村土地改革的基本完成,以及抗美援朝战局的稳定,中共中央和中央人民政府政务院发出关于贯彻婚姻法的指示,将教育与思想批判相结合,以先进思想反对落后的旧式思想,不能扩大到一般的男女关系和家庭关系。[①] 这种适时的纠偏和区别处理的做法,反映了中央对于以国家权力贯彻《婚姻法》并使之进入个体家庭的谨慎态度,使国家干涉与私人生活保持适当的距离,这是对私人生活的尊重,也是对几千年来中国人处理家族事务习惯的一种智慧的妥协。

4. 对 1950 年《婚姻法》的评价

新婚姻法的推行,强化了国家对婚姻的管理,形成了保障新婚姻制度的坚实屏障。这场婚姻制度改革运动,体现了革命者的思维模式和行为特点,认为社会主义的婚姻自由就是社会主义优越性的根本体现。中共中央和中央人民政府政务院发动全国的力量,自上而下以全民总动员的形式进行运动式的宣传、教育、执行和检查,由此改造和塑造民众的法律意识。但是,这场运动前期忽略了对传统伦理的兼顾,也忽略了社会民众整体对于新事物的接受程度。

新婚姻法的推行是对妇女权利的有效保障。1950 年《婚姻法》对于结婚和离婚自由的规定是对婚姻当事人内在需求的法律

① 参见中央人民政府政务院:《关于贯彻〈婚姻法〉的指示》,载张培田主编:《新中国法制研究史料通鉴》(第 1 卷),中国政法大学出版社 2003 年版,第 787 ~ 789 页。

回应，尤其是妇女，她们在旧式婚姻中受到的压迫更深，自身对于个人自由和独立自主的需求与中央政府的政治动员形成内在的契合。对女权的尊重在中国历史上进一步深入到底层，广大妇女逐渐拥有了争取自由、维护自身权利的意识，这是对《共同纲领》保护妇女权利规定的落实，也为 1954 年宪法的制定扩大了群众基础。换个角度来讲，立法者们已经认识到提升妇女地位和保护妇女权利，主要在于完善其独立的人格，需要通过法律手段来实现妇女在婚姻家庭领域的实质平等。此后，越来越多的妇女投入到新中国的建设事业中，发挥了巨大的作用，成为不可忽视的重要力量。因此，保障并维护妇女权利也成为 1954 年宪法制定过程中的一项重要议题。

（三）1954 年宪法中的“婚姻受国家的保护”

1954 年《宪法》第 96 条规定婚姻受到国家的保护。根据许崇德教授所述，1954 年宪法的制定过程中，党与国家一再强调：1954 年宪法以《共同纲领》为基础，又是对《共同纲领》的发展。强调这两者的关系是历史事实的真实反映，也说明我国各项制度和政策的一贯性和延续性，体现了政治上的稳定性。①

这种延续性的体现之一，就是有关婚姻的规定依然与妇女权利一起出现。新中国成立之后，国家以立法的手段来巩固和发展妇女的权利以及她们的平等地位，制定和颁布的土地法、婚姻法、选举法和劳动法令等一系列文件中，都以相应的条文规定了妇女的权利。1954 年《宪法》第 96 条是历史经验的总结，也是 5 年来立法原则的重申。蔡畅在讨论 1954 年宪法草案报告的会议发言中，强调了在社会上以及妇女自身还存在不少障碍和困难。邓颖

① 参见许崇德：《中华人民共和国宪法史》，福建人民出版社 2003 年版，第 70 页。

超也指出,要贯彻宪法规定的“婚姻、家庭、母亲和儿童受国家的保护”这一款,首先必须树立男女平等,尊重母亲的社会主义道德观。值得注意的是,家庭这一概念也出现在这一条文中。制宪者希望男女平等、婚姻自由、尊老爱幼、夫妻互敬互爱成为我国婚姻家庭关系的主流和特色,使过去不和睦的家庭转变成为民主团结的新家庭,形成社会安定、家庭幸福和妇孺安康的状态。①

从功能意义上来看,基本权利主要是为了防止和抵御来自国家公权力的不当干预甚至侵犯,为国家的行为划出边界,形成限制和约束。与此同时,基本权利还是公民向国家提出的要求和主张,与之相对应的则是国家为其提供保护的义务。② 但是,就1954年宪法中规定的基本权利而言,上述功能体现得并不明显。1954年宪法多采用“公民有……的权利”这样的句式来规定基本权利。1954年《宪法》第96条规定:“中华人民共和国妇女在政治的、经济的、文化的、社会的和家庭的生活各方面享有同男子平等的权利。婚姻、家庭、母亲和儿童受国家的保护。”这个条文中的第一句话也是同样的句式,“……妇女在……各方面享有同男子平等的权利”。这句话强调男女平等,以及对于妇女权利的特别重视。这种宣告式的规范宣示的是国家对于基本权利负有积极的保护义务,并没有特别突出禁止国家非法干预的内涵,也不强调国家的消极义务。

这一条的第二句话“婚姻……受国家的保护”这一规定,更加突显了国家作为公民的保护者的角色。对于婚姻、家庭、母亲

① 参见许崇德:《中华人民共和国宪法史》,福建人民出版社2003年版,第392页。

② 参见张翔:《基本权利的规范建构》,高等教育出版社2008年版,第33页。

和儿童这四个主体而言，国家为其提供保护，抵御来自除国家之外的其他主体的侵害。从某种意义上说，这四个主体与国家之间是相互依存、相互促进的关系。1954 年宪法中基本权利的规范功能，主要是强调国家需要承担的对公民的积极保护义务。国家赋予公民以基本权利，公民也受到来自国家的庇护。[①] 具体到婚姻而言，这一条文明确了婚姻受到国家保护。这个婚姻既指双方两个人构成的整体，也包括婚姻关系中每一个人享有的与婚姻有关的权利和自由，这些个人利益与国家的根本利益都是一致的。个人利益的实现取决于其与国家的协同程度。

如前文所述，1954 年宪法本来就是在围绕 1950 年《婚姻法》展开的全社会婚姻变革运动中制定的。在这种革命色彩浓厚的语境中，获得解放和自由的妇女的"个人"主体地位被重新定义。一方面，她们冲破了封建包办婚姻的牢笼，得以维护自身的尊严和意义。另一方面，在婚姻关系中，妇女与男性享有平等的权利，处于同等的地位。妇女拥有更强烈的自我意识，在社会生活中扮演更重要的角色。此外，这个过程把妇女从夫权家庭中解放出来，使之从"家庭中的人"变成"社会中的人"，即国家的人。[②] 但是这并不是绝对意义上的纯粹的"独立"，而是对国家政治力量的强烈依赖。

1954 年宪法规定了婚姻、家庭受到国家保护，这从国家根本法的意义上明确了公民在婚姻家庭事务方面的基本权利，也为国家介入个人婚姻生活提供了规范依据。婚姻家庭问题是非常私

---

① 参见于文豪：《"五四宪法"基本权利的国家建构功能》，载《环球法律评论》2015 年第 2 期。

② 参见李小江、朱虹、董秀玉主编：《性别与中国》，生活·读书·新知三联书店 1994 年版，第 6 页。

人化的事务,国家如果要履行保护义务,必然要介入这样的私人生活领域。婚姻改革的实践证明,传承千年的旧式婚姻制度对中国社会有根深蒂固的影响,若仅仅依靠民众自觉接受新的理念,或者待经济基础充分发展后上层建筑的自动改善,则需要漫长的时间。新的婚姻制度不仅会遭到抵制,还会阻碍新中国成立初期各项政策和措施的推行。

第三章　婚姻自由规范的基本内涵

我国现行《宪法》第49条规定："婚姻、家庭、母亲和儿童受国家的保护。夫妻双方有实行计划生育的义务。父母有抚养教育未成年子女的义务，成年子女有赡养扶助父母的义务。禁止破坏婚姻自由，禁止虐待老人、妇女和儿童。"本章将立足于我国现行宪法文本，分析婚姻自由规范的基本内涵。首先，对于现行宪法文本中的婚姻自由规范所包括的具体条文进行识别，界定宪法中婚姻的概念及其核心要素。其次，围绕"禁止破坏婚姻自由"和"婚姻受国家的保护"这两个条文进行解释，明确婚姻自由作为一项基本权利的权利主体、具体内涵和规范功能。

一、宪法中婚姻自由规范的识别

语义学上的规范是一个陈述，也是一个逻

辑系统。规范和条文之间并非一一对应，法律条文是法律规范的具体表现形式，法律规范是法律条文的内在本质与内容。一项法律规范会通过几个法律条文反映出来。正如拉伦茨所说，法律中的诸多法条之间处于相互合作、彼此指涉的状态之中，而不仅仅只是毫无联系的简单并列[①]，更需要指导观点来理解诸多法条的意义和相互关联。宪法规范是一种法律规范，它具有法律规范的一般特点，通过宪法条文来表现其本质和内容[②]，多个宪法条文共同表述一条宪法规范。

基本权利规范在词汇和句法方面都具有特殊性。从形式上看，基本权利规范是指宪法文本中那些通过与基本权利相联系的条文所表达的规范，它陈述了一个宪法事实和一个基本的宪法决定，外在表现形式上包括肯定句式和否定句式。比如，基本权利规范通常由“享有”“有”“受”等肯定词汇和“不得”“禁止”等否定词汇构成，这些不同语词的选择和陈述方式体现了基本权利背后的不同逻辑和内涵演变。

婚姻自由是一项基本权利，即公民作为特定国家的成员而应该享有的与婚姻有关的最起码的权利，也可称其为婚姻权。具体到我国宪法文本中，有关婚姻内容的规定集中在第 49 条。从总体上看，第 49 条的主要内容是国家对婚姻、家庭的保护。有学者认为该条是比较特殊的宪法条文，其特殊性体现在：该条缺乏明显的权利特征；该条第 2 款和第 3 款主要讲义务，第 49 条呈现“权利 + 义务”的混合特色；少有学者将婚姻自由视为一项基本

---

① 参见[德]卡尔·拉伦茨：《法学方法论》，陈爱娥译，商务印书馆 2003 年版，第 144 页。

② 参见胡锦光、韩大元：《中国宪法》，法律出版社 2007 年版，第 114 页。

权利进行研究,缺乏具体释义。[①]

如果仅仅看"婚姻"二字出现之处,那么婚姻自由规范应该是第49条第4款前半句的"禁止破坏婚姻自由",以及第49条第1款规定的"婚姻、家庭、母亲和儿童受国家的保护"。这两个条文的语义表述分别体现了传统自由权和社会权的两分状态。但是,除此之外,我们还应该注意到:第一,婚姻是一种社会关系,最直观体现为夫妻之间的关系,如果按照人类社会最普遍的做法,由一男一女构成婚姻关系的双方,就还包括婚姻中男女双方的关系。第二,婚姻是一种关系持续的状态,这种状态从婚姻关系的形成,到婚姻关系的维持,再到可能出现的婚姻关系的解除,即结婚—婚姻关系的维持—离婚,这样一种持续性状态。第三,婚姻缔结之后形成家庭实体,这个实体可能会因为后续的生育、收养等行为扩大,整个婚姻关系的存续期间都是这个家庭实体的存在状态。第四,婚姻关系存续期间如果发生生育、收养行为,会使婚姻双方主体拥有新的社会角色,即父母,进而产生父母和子女之间的关系,这会对婚姻关系的解除以及解除之后的状态产生影响。

因此,以上述动态的视角来看待婚姻之后,宪法上的婚姻自由规范就不仅仅只存在于上述两个含有"婚姻"二字的条文。首先,第49条第2款规定了"夫妻双方有实行计划生育的义务","夫妻"是婚姻缔结之后而产生的双方角色关系,以婚姻为纽带的双方要履行这项义务,并非所有男女之间的生育行为都要受到此条文的约束,而是主要指向处于婚姻关系中的男女。其次,第

---

① 参见王锴:《婚姻、家庭的宪法保障——以我国宪法第49条为中心》,载《法学评论》2013年第2期。

48 条第 1 款规定“中华人民共和国妇女在……家庭的生活等各方面享有同男子平等的权利”，这句话表明在家庭生活中妇女拥有和男子平等的地位和权利，包括但是不局限于婚姻中夫妻双方的关系。再次，婚姻是家庭的形成基础之一，婚姻关系缔结之后，双方构成家庭，那么“……家庭……受国家的保护”这一条文中必然包含宪法保护以婚姻为基础的家庭，也就包括了宪法对处于存续状态的婚姻关系的保护，以及对在此期间各主体权利的保护。最后，婚姻存续中如果因为生育、收养等方式使家庭成员增多，那么国家也保护这些家庭成员，体现在条文中就包括：“……母亲和儿童受国家保护”“父母有抚养教育未成年子女的义务”“禁止虐待老人、妇女和儿童”。

规范本身是具有开放性的，上述规范的内涵也是具有多重面向的，需要将其置于不同的情境中进行具体讨论。比如，保护妇女在家庭生活中的平等权可以理解为强调婚姻关系中男女双方的地位平等，也可以理解为女儿和儿子在家庭中的地位平等，还可以理解为父亲和母亲的地位平等；“母亲”这一身份的形成基于生育行为的发生，这样的生育行为可能发生在婚内，也可能发生在婚外；“家庭”可能是以婚姻为基础而形成，也可能是基于血缘关系或者收养行为而形成，婚姻并非家庭形成的唯一途径。总之，上述规范的多重意涵中，包括婚姻面向的，也包括婚姻之外的其他面向，彼此之间相互交织，又分别有各自独立的部分。本章内容主要讨论“禁止破坏婚姻自由”和“婚姻受国家的保护”两个条文，同时也会在第四章中对上述规范的多个面向进行体系化的分析。

二、婚姻概念的宪法界定

婚姻这一先于宪法而存在的概念进入宪法文本之后，具有特定的规范内涵。一方面,对于宪法中婚姻概念的理解不能抛弃凝结于其中的普遍性价值;另一方面,宪法文本中的具体条文就是对宪法价值的具体规范的表述,宪法规范一经诞生,它就变成一个独立的实体[①],它具有独立的规范内涵和明确的效力要求,要求行为人应该以某种特定的方式作出行为,不能通过事实或者经验来还原概念。所谓规范性,其核心主旨是对现实世界甚至未来提出要求和期待,而不是仅仅描述和反映客观的现实世界。[②] 因此要理解宪法文本中的婚姻概念,必然是在宪法规范的框架体系中来阅读和解释,其他学科对于婚姻本质的阐述最终也都需要放置于宪法的规范体系中来看待。宪法上对婚姻概念的界定,既要在内涵上反映其本质属性,又要在外延上具有包容性,先对婚姻这一核心概念予以阐述,明确它在文本中的独立于经验和事实的规范内涵,并以此为基础来建构一个婚姻自由的宪法规范体系,这也符合宪法解释的一般方法论路径。

(一)婚姻的一般概念

婚姻是历史的范畴,是变动、发展的社会关系,其内涵与社会制度的建构密切相关。在这个过程中,凝聚着人们对其本质的探索和解读,直接影响了婚姻制度的价值取向。在我国的汉语文化中,“婚”与“姻”的含义不同。按照《说文解字》,“婚,妇家也。礼娶妇以昏时”,“姻,婿家也。女之所因”。[③]《现代汉语词典》对婚姻的解释是“结婚的事;因结婚而产生的夫妻关系”。[④] 婚姻

① 参见白斌:《宪法教义学》,北京大学出版社2014年版,第86页。

② 参见雷磊:《法教义学的基本立场》,载《中外法学》2015年第1期。

③ (汉)许慎:《说文解字》,中华书局1963年版,第259页。

④ 参见中国社会科学院语言研究所词典编辑主编:《现代汉语词典》,商务印书馆2017年版,第588页。

对应的英文单词是 marriage，主要有以下两个方面的意思：第一，是“男女成为夫妻关系”的一种合法结合，对彼此承担或者共同向社会履行异性结合而带来的义务；第二，“婚姻是社会和家庭的基础”。[①]

著名人类学家韦斯特马克在 1891 年出版的巨著《人类婚姻史》中对婚姻作了如下定义：婚姻是男女之间相结合的关系，这段关系涵盖了婚姻存续期间双方相互所具有的权利和义务，以及双方对于他们所生子女所具有的权利和义务，这段关系得到习俗或者法律的承认。[②] 这些权利义务因民族而异，具有多样性，因此并不存在一个具有充分包容性的通用定义。但还是具有一些共同的东西：婚姻是双方主体的结合，是一种从各方面影响到双方财产权的经济制度，双方都有各自的权利和义务，最后双方的结合若要成为正式婚姻必须要经过习俗或者法律规则的认可。[③] 除了这些共同的特性之外，婚姻关系总是会因为所处的时代和社会环境的不同，被刻上特定政治、经济、文化和习俗等的烙印。

对于婚姻本质的讨论，主要有契约说和伦理说的观点。康德认为婚姻是一种契约。[④] 根据这种观点，婚姻是男女之间为了共同的利益而自愿终身结合、互为伴侣，彼此提供经济上的帮助并生儿育女的契约。黑格尔则对康德的契约说进行了直接批评。他将婚姻理解为“精神的统一”，是具有法的意义的爱，实质上是

---

① 参见薛波主编：《元照英美法词典》，北京大学出版社 2014 年版，第 896 页。

② 参见[芬兰]E. A. 韦斯特马克：《人类婚姻史》（第 1 卷），李彬等译，商务印书馆 2015 年版，第 35 页。

③ 参见[芬兰]E. A. 韦斯特马克：《人类婚姻史》（第 1 卷），李彬等译，商务印书馆 2002 年版，第 35～36 页。

④ 参见[德]康德：《法的形而上学原理——权利的科学》，沈叔平译，商务印书馆 1991 年版，第 89 页。

男女双方基于互相爱慕的情感而形成的伦理关系。[①] 契约说的观点在反对封建专制和等级特权制度的斗争中发挥了很大的作用，具有倡导人格独立、个体平等和实现婚姻自由的意义。但是契约本身是鼓励实现利益最大化的，这样就存在一种风险，就是每个婚姻主体都从利己的角度出发来进行利益的博弈，并设立这项特殊契约的内容。在物质利益冲击质朴感情的背景下，我们更应该注重的是婚姻关系双方对于彼此的责任和对未来美好生活的协力打造，而不是双方商品化的利益交换，所以契约说在历史上发挥的进步作用不能完全用来指导今天的实践。此外，伦理说强调了婚姻双方的统一，但是统一体也不能掩盖双方个体的独立性。相反，应该强调双方保持独立的人格。

（二）我国宪法指导思想下的婚姻概念

宪法指导思想贯穿于宪法文本和宪法实施始终，是宪法的理论基础，是宪法实施和宪法解释的基本依据。普通法律概念多涉及国家生活或者社会生活某一特定方面的问题，必须遵循宪法指导思想，针对所调整的具体的社会关系和社会现实，形成从属性的价值观念。从体系解释的角度来看，我国现行《宪法》序言第7自然段规定，马克思列宁主义是我国宪法的指导思想。根据宪法序言全部有效力说，《宪法》序言是《宪法》的有机组成部分，是《宪法》正文内容的指导原则和指导思想。《宪法》序言的内容对于我们理解《宪法》正文部分的内容具有重要作用。因为《宪法》序言主要是作为制宪的根据而存在的，阐明了宪法制定的目的，是了解宪法的政治意图和背景所需要遵循的重要指南，同时也可

① 参见［德］黑格尔：《法哲学原理》，范扬、张企泰译，商务印书馆1982年版，第117页。

以对解释具体的宪法条款起到指导作用。[①] 马克思主义的理论必然会对宪法正文中各概念的理解产生指导作用。因此，对于我国宪法中的婚姻概念内涵的把握，必然需要以此意识形态为主流，以马克思主义的婚姻观为指导。

马克思和恩格斯以唯物史观来看待婚姻，强调婚姻是爱情的一种延续，婚姻以爱情作为基础。恩格斯认为，婚姻需要保持以爱情为基础，如果感情已消失，或者出现新的爱情，离婚就变成幸事，这样才是合乎道德的。[②] 根据这一观点，婚姻是人以生理需要和感情需要为基础的自然的结合。这一点无疑是强化了婚姻的情感沟通功能，那么双方主体之间的感情就是在界定婚姻概念时必须要考虑的要素。此外，以历史唯物主义的视角来看，婚姻作为一种特殊的社会关系，是社会生产力发展到一定程度才出现的。历史上婚姻形式的变化和历史发展的几个主要时期是基本一致的。[③] 这也说明双方的结合也是社会关系建立和重新修订的过程，婚姻的变化和发展会随着社会生产力和生产方式的发展而演变。

（三）宪法上婚姻概念的核心要素

综上所述，人们对婚姻本质和价值的认识受到历史的严重影响，婚姻的概念扩大了，或者说人们希望用婚姻概念来解释的社会现象越来越多了。不同学科和领域对于婚姻的认识会有不同的内涵深度和外延范围，会从本学科的研究内容和特点来看待其

---

① 参见胡锦光：《中国宪法问题研究》，新华出版社1998年版，第78页。

② 参见中共中央马克思恩格斯列宁斯大林著作编译局编译：《马克思恩格斯选集》（第4卷），人民出版社2012年版，第94页。

③ 参见于晓琪：《婚姻的两面向——马克思主义婚恋家庭思想研究》，南京大学出版社2017年版，第91页。

不同侧面。上述对婚姻概念的一般性界定都是对该现象或者制度诸多价值的反思而形成,也充分说明婚姻内涵的多重性,它在不同历史阶段所发挥的主要功能,或者说价值侧重点有所不同。我们今天再回过头去看,也需要用扬弃的态度有所去除和有所保留。从这个角度来讲,各类观点中对于婚姻本质的揭示都各有一部分内容可以为宪法所吸收,或者说共同构成了宪法中婚姻概念的核心要素。笔者认为,宪法上的婚姻是指两个单身的个体,以共同生活为目的,以双方自愿为前提,并获得国家认可的基于情感的亲密结合。这一概念的核心要素分析如下:

第一,婚姻是双方主体基于情感的结合。首先,双方主体是两个单身的个体,以保证婚姻的排他性,排除历史上出现过的群婚制、一夫多妻、一夫多妻多妾等形式。本书会在第五章将一夫一妻制视为婚姻自由的内在限制加以分析。其次,婚姻是以双方的情感作为基础的。在人类文明的多种形式中,婚姻都被看作专属于异性之间为创造新生命和繁衍后代而进行的结合,与生育下一代和亲属纽带之间有着无法割舍的联系。但在当代社会,丁克、单亲、同居等家庭形式越来越多,那些丧失生育能力的人依然享有美满的婚姻,婚姻与生育的割裂趋势日益强烈。婚姻的核心要素从传统的传宗接代转变为情感亲密性。婚姻是两个人在身体、情感和精神上的一种结合,以强烈的感情连接和吸引力为标志,这种结合并不单纯依靠共同生育和抚养后代来延续和实现。

第二,双方个体的结合彼此自愿,排除外界的强迫和干预,符合现代社会提倡个人自主和人格独立的整体趋势。从前文对婚姻自由历史脉络的梳理来看,我国的婚姻自由是要反对封建包办和买卖婚姻,解放缔结婚姻的双方主体,追求个人自主。此外,根据马克思主义理论,社会主义的婚姻是男女双方感情的结合,而以感情为基础的婚姻,必然要求双方在处理婚姻关系上应该是自由意志的体现。因而婚姻强调对双方意思自治和个人意愿的重视,这是对宪法上的婚姻规范最基础的价值判断。

第三,双方的结合以共同生活为目的,这种共同生活可以是在日常生活中形成持续稳定的家庭共同体,包括拥有共同的物理意义上的住所,经济上互相扶持、生活上互相照应,也可以是分隔异地处于分居状态,但精神和感情上保持沟通状态,相互行使权利并履行义务。因为婚姻最终具有法律上的效果,反映在双方之间的权利义务关系上。这一点可以借鉴伦理说的观点。婚姻的伦理方面是双方都意识到二者结合为一个统一体,具有信任、恩爱和整体实际存在的共同性。双方虽然在形式上都是独立的个体,但实质上却是在爱的基础上成为一个统一体。这种统一会在一定程度上构成“自然之限制”,但每个人都依靠对于彼此的认识获得了整体的意识,完成了自我认知,婚姻“正为两人之解放”。[①] 从这个角度来看,婚姻双方都能够有新的整体意识,所有的举措或者决定都需要从整体的角度出发来考虑,同时也包含了以婚姻实体为行为指向的具有法律意义的权利、责任和义务,以及双方对于彼此的责任和对未来美好生活的协力打造。婚姻的伦理性在个体情感上,还包含了责任、义务和承诺,遵循社会以法律、道德等形式确定的合理合法的交往模式和制度体系。从体系解释的角度来看,我国宪法中婚姻家庭条款涉及多方主体,体现了夫妻之间的关系,以及婚姻双方与其他家庭成员之间的关系,这一点正是体现了婚姻的伦理性价值,以及从整体上对婚姻、家

① 参见[德]黑格尔:《法哲学原理》,范扬、张企泰译,商务印书馆1982年版,第176页。

庭利益的维护。

第四,婚姻的形成需要国家的认可。这一点是符合现代婚姻发展趋势的,因为现代婚姻关系已经被让渡给现代国家而非原始部落、封建宗族或者其他私人组织来管理,允许国家介入并调控婚姻这种社会关系。那么对于婚姻的定义也需要符合这一最基本的认识。国家的认可方式是多样的,既可以通过最常见的登记形式来认可,也可以通过诉讼形式追认以举行其他仪式而形成的婚姻,这是立法者具体形成的事项,最终都需要接受合宪性的判断。此外,国家会认可什么样的婚姻,也是立法者考虑社会发展阶段的特点、共同体成员对婚姻的认识等综合因素形成的结果。国家认可之后带来的效果就是,产生一定法律意义上的效力,双方形成权利义务关系,也对社会产生公示效力。现代社会,婚姻自由是由宪法保障的基本权利,结婚并非需要任何机关或者任何人的批准。形式上的婚姻登记是为了保护公民合法权益而设置的手段,起到信息公示的作用,进而维护家庭的稳定和社会的和谐。①

上述是笔者对宪法上婚姻概念界定的一种尝试,借鉴了各种代表性观点,并考虑了宪法上婚姻家庭规范的结构性特点。对于概念的理解是具有开放性的②,对每一个文字的认识和解释,都会融入解释者的目的。需要注意的是,上述对婚姻概念的界定,明确了婚姻应当具备的核心要素,或者说保证了核心情形的清晰程度,可以将诸多需要解释的情形与之对照,以此来判断某些特

---

① 参见孙凌:《婚姻登记的法律属性辨析——由〈中华人民共和国婚姻法〉第八条引发的思考》,载《宁夏社会科学》2010年第3期。

② 参见[英]H. L. A. 哈特:《法律的概念》,许家馨、李冠宜译,法律出版社2006年版,第122~131页。

殊的情形是不是宪法要保护的婚姻,而对于一些相对边缘的情形可能就需要结合具体情形来进行解释和考量。

大多数法学术语和概念是与法律同时产生的,但婚姻则具有一定的特殊性。它早于国家而产生,因而也早于法律这一国家治理工具而产生。人们的社会行为先出现,随后才有了法律规范来调整这些社会行为,以及相互的社会关系。[①] 亚里士多德就曾指出,婚姻是两个平等主体之间一种内在渴求的友情,是人类的一种生活状态,这种状态比政治生活更加自然。[②] 在很长一段历史时期中,婚姻主要依靠社会、部落或者民族习惯来调整。比如,像在我国古代社会中,依靠"礼"来调整婚姻。因此,理解婚姻概念,还需要适当考虑人们在不同历史时期对于婚姻的认知。这也就提醒我们,从宪法角度来认识婚姻概念,要适度保持其开放性,不能用法律意义上的婚姻来人为缩小宪法上婚姻的内涵。

这里就出现一个问题,宪法上的婚姻概念是不是一定强调其合法性?婚姻实质上是一种社会关系。国家通过法律规范建构婚姻法律制度,用以调整现实形态的婚姻关系。从这个角度来讲,合法性不是婚姻的固有内涵。婚姻作为一种社会关系的现象,本身没有合法抑或违法之说,只是人们运用一个国家的具体婚姻法律制度对不同的婚姻关系进行评判后,符合婚姻法的被认定为合法婚姻、有效婚姻;反之,则可能是违法婚姻、无效婚姻。从这个角度来讲,婚姻的概念中应该涵盖合法和违法的婚姻。如果强调婚姻的合法性,就会以为这样的婚姻概念不能调整违法婚

① 参见王洪:《婚姻家庭法》,法律出版社2003年版,第60页。

② See John Finnis, *Law, Morality, and Sexual Orientation*, *Human Rights and Common Good: Collected Essays*, Volume Ⅲ, Oxford University Press, 2011, p. 339.

姻,也就无法对一些违法的婚姻(比如重婚)进行制裁。[①] 目前使个体之间亲密结合趋于规范化的主要手段是依据法律,合法性是当下对于合法婚姻的外在要求,强调合法缔结的婚姻关系受到法律保护,而违法的婚姻将不被法律保护。国家制定法律来规范婚姻,保护或制裁特定行为,以此管理和监督婚姻当事人,于是就有了合法婚姻和违法婚姻之分。但是,违法婚姻依然不失为婚姻的一种,合法性仅仅是从法律的角度对既有的客观现象的一种评价。即便是被界定为不合法的婚姻,只是立法形成的结果,况且该立法本身还需要接受合宪性的考量。此外,在不同的法律部门中,涉及婚姻的概念很多,这些概念出现在法律法规、司法解释等不同的语境中。因此,作为最高法的宪法,其文本中婚姻概念要容纳上述种种"婚姻",才能使婚姻概念在整个法律体系中保证一定程度上的统一性,避免用语逻辑上的歧义和混淆。

如果宪法上的婚姻仅仅被看成一种由法律准许、政府授权和批准的"婚姻",那么婚姻就被误解了,或者说人为将其范围变窄。法律上的婚姻概念不能代替宪法上的婚姻概念,否则会导致

---

① 我国2001年《婚姻法》和《刑法》中对婚姻生效的界定标准不一样,体现在重婚问题上,根据我国2001年《婚姻法》及最高人民法院《关于适用〈中华人民共和国婚姻法〉若干问题的解释(一)》(均已失效,现根据《民法典》第1042条)的规定,婚姻法中的重婚,必须是某人同时存在两个登记婚姻。如果某人与他人在办理了结婚登记之后未解除此婚姻关系之前,又与第三人以夫妻名义共同生活,但未办理婚姻登记手续,那么不被视为重婚行为。但是,传统刑法理论与司法实践认定婚姻生效不是以结婚登记完成与否为要件的。刑法以行为是否具有社会危害性判断重婚的基础,而婚姻法则以对婚姻当事人的合法权益的保护为根本目的。因此,在前后婚姻都是事实婚姻时,刑法和婚姻法在认定是否构成重婚时就出现了不同的结果。婚姻法与刑法同属于我国的法律体系,从构建原则来讲,婚姻法中的婚姻认定规则应该是刑法中对于重婚行为的界定基础,两者应该在逻辑融洽、彼此呼应的情况下共同构筑保护婚姻制度的法律屏障。参见夏吟兰、薛宁兰主编:《民法典之婚姻家庭编立法研究》,北京大学出版社2016年版,第139页。

宪法上的婚姻内涵被限缩。尽管在我国由于宪法解释实践的缺失,会惯性运用立法者所制定的法律以及公众的一般性认知去理解宪法上的概念,但这种做法是补充性的,或者说是例外,不应该是宪法概念的一般解释方法。婚姻与人类繁荣和人类的共同善这样宏大的主题存在深刻的内在联系,而不仅仅是法律认可和安排的一种功能。相反,婚姻的可理解性、可诠释性及其价值是排斥某些法律安排及规定的,否则缺乏容纳新现象的基础。①

三、"禁止破坏婚姻自由"的宪法含义

"禁止破坏婚姻自由"是一项禁止性规范,命令"禁止"之后主体不得为一定行为,以强行性规范禁止婚姻自由权利主体之外的其他所有主体,包括国家,采取某特定模式的行为。这一表达传递了强烈的防御性含义,即对基本权利的理解主要是个人防御国家公权力的侵犯。

(一)"禁止破坏"的含义

"禁止破坏婚姻自由"这一款则并未明确"禁止"之后包括哪些主体。考察文本中出现过的其他义务主体可以对这一款进行体系解释。《宪法》第 36 条第 2 款规定了国家机关、社会团体和个人都不得破坏公民的宗教信仰自由,将宗教信仰自由的义务主体从国家机关扩散至社会团体和其他个人。第 40 条要求任何组织和个人不得侵犯公民的通信自由,将通信自由的效力扩散至个人。再结合我国历史上对于婚姻自由的破坏主要来自家长势力、宗族势力等私主体,因此"禁止"之后的主体应该包括国家、所有组织和其他所有人。

---

① See John Finnis, *Marriage: A Basic and Exigent Good*, *Human Rights and Common Good*, Collected Essays, Volume Ⅲ, Oxford University Press, 2011, p. 319.

基本权利的防御权功能对应国家各机关的消极义务，即不侵犯公民基本权利的义务。具体来讲，立法机关不得制定侵犯公民基本权利的法律。这种“不侵犯”不是排除任何限制基本权利的立法，而是要求这种限制按照宪法规定的理由和方式进行，即遵守法律保留原则的形式标准和公共利益要求的实质标准。行政机关要避免违法的干预行政和滥用行政裁量权。司法机关要避免枉法裁判和滥用司法裁量权。具体到婚姻自由上，在现实生活中，行政机关在某一具体事件中，对某具体个人的婚姻自由实施有形的主动侵害并不多见。即便是现实中婚姻登记机关拒绝某主体的婚姻登记申请或者离婚申请，也是经审查发现存在不符合婚姻法律制度或者婚姻登记制度的情况，这是依法行政的要求，不能从宪法角度认为该机关的具体行政行为构成对婚姻自由的侵犯。因此，可能存在的国家违反消极义务侵犯婚姻自由的情形主要存在于立法形成中，对婚姻自由的可能性边界进行限缩，包括对结婚主体的年龄、生理等条件设置标准，限制结婚主体和结婚对象，对特殊群体结婚和离婚设置不同于一般主体的要求，对结婚和离婚设置程序上的要求等，从而构成对婚姻自由的不合理限制，对于该限制需要进行合宪性判断，以确定该立法规定是否对公民的婚姻自由构成了侵害。[①] 这一点本书将在第五章中讨论。

基本权利的主要功能在于确保公民的自由和权利免受国家

---

① 此处讨论的对于基本权利的限制主要集中在基本权利的防御权功能的框架中进行，是从个人“防御”来自公权力“侵害”的角度来界定对于婚姻自由的限制，是一种狭义角度的讨论。若将基本权利的限制问题扩大，将国家违背基于基本权利的受益权功能和客观价值秩序功能所承担的给付义务和保护义务的违背，也可以视为一种侵害。本书暂不涉及该角度。

的侵犯和剥夺。这是基本权利的防御权功能，维护个人免受国家恣意干涉的空间，国家对此履行纯粹消极的义务。尽管防御权作为一个法学概念较晚才出现，但是其中所包含的权利理论却由来已久。现代宪法规定基本权利的最原始目的就在于保护公民在个人私生活领域的自主性，排除国家权力的侵害，要求国家权力保持理性和克制，以避免对公民权利的侵害。在公民和国家的关系上，耶利内克区分了四种地位，包括被动地位、消极地位、积极地位和主动地位。这四种分类主要是考察公民对国家的主观公权利，注重个人对国家可以进行何种请求，而不涉及基本权利的客观法规范。个人之于国家的消极地位，意味着个人不应该被国家强加任何违法的义务。对于消极地位的保护方式是，个人得以请求承认其消极地位，并禁止来自国家机关的任何妨害。①

宪法上"禁止破坏婚姻自由"的语义表述，体现了婚姻自由具有的防御权功能。婚姻自由采用了传统的自由权用语，其中的"自由"就有实现自我支配、凭借自由意志而行动，并为自身行为负责和排除他人干涉之意；"禁止破坏婚姻自由"中"禁止"就是指不准许、不许可，强调了消极不作为的意思。虽然"禁止"后边的主体模糊，没有指明是"禁止国家"，但也正是因为这种模糊规定，产生了将国家也解释为被"禁止"的主体的可能性。再结合"国家尊重和保障人权"条款进行体系解释，"尊重"一词也体现了对于防御权功能的再认识，为公民个人的自我认识和选择保有一定空间。

防御权功能更多地体现了资本主义类型宪法对于个人自由

① 参见[德]格奥格·耶利内克：《主观公法权利体系》，曾韬、赵天书译，中国政法大学出版社2012年版，第96页。

的强调,以及主张个人对抗国家、防御国家侵犯的理念。这意味着,个人有自主选择的自由,依据自己的意愿为或不为,通过自己的努力来追求和实现属于自己的自由和幸福生活。而这一切都建立在排除政府控制和干预的前提下,只有如此才能保有完全的个体私人领域,实现个人在生活领域中的自我选择和自我决定。[①] 这一点在美国宪法理论中对于婚姻权的解释体现尤为明显。如前文所述,美国宪法文本中缺乏对于婚姻自由的规定,是由联邦最高法院在司法审查的实践中确立的。在 1965 年联邦最高法院对格林斯沃德案件具有开拓意义的判决中,个人隐私权得以确立,其保护范围包括婚姻,并扩展到了未婚人群和家庭之外的隐私行为。婚姻权是个人自治保护之下的基本自由之一,对于个人的生存和发展具有基础性的作用。[②] 婚姻是一项需要个人独立作出重要决定的事项。因此,不当侵犯婚姻自由或者过分加重婚姻自由负担的法律应当受到正当程序条款的严格审查。个人对于婚姻事项的自我决定权,位于美国宪法所确立的自由秩序之中。由此可以看出,美国宪法中的婚姻自由更多强调防御国家侵犯的面向。在这样的理念指引下,个人价值和个人能力受到极大的推崇,要求国家相信公民作为一个独立而成熟的个体,可以对婚姻这样的事项作出符合自身情况的选择和判断。[③]《德国基本法》第 6 条第 1 项,规定了婚姻和家庭受到国家秩序的特别保

---

① 参见余军:《"个人自由"与"人性尊严"——美国与德国宪法人权保障基础原理的比较》,载谢立斌主编:《中德宪法论坛(2014)》,社会科学文献出版社 2014 年版,第 51 页。

② See Loving v. Virginia, 388 U.S. 1, 12 (1967).

③ See Edward J. Eberle, *Dignity and Liberty-Constitutional Visions in Germany and the United States*, Praeger Publishers, 2002, Preface.

护。这是私法秩序的本质内容,也是涉及婚姻与家庭全部领域的私法和公法权利的一个原则性规范。作为这样一种保障,它首先分配给国家以积极的任务,要求采取适当的措施,支持、保护和帮助婚姻和家庭。其次,它也兼具消极层面的意义,这一保障禁止了国家权力对于婚姻和家庭的侵犯,即包含了针对国家权力侵犯的主观防御权。①

我国宪法属于社会主义类型宪法,贯穿其中的基本精神强调国家、社会和个人等主体的根本利益是一致的,个人利益的实现在很大程度上取决于与国家的协同程度。因此,如果仅从个人主义理念的角度来看待我国宪法,必然无法推导出宪法上基本权利所具有的防御权功能。更何况,根据我国基本权利类型的传统分类,公民享有国家对婚姻、家庭的保护属于社会权。而社会权是以国家权力的适度干预为条件的,以国家积极履行义务来保证和促成其实现,是宪法遵循的社会正义原则的体现。家庭是社会的组成细胞,保护婚姻和家庭有利于社会稳定。② 我国的历史经验也表明,正是由于国家的积极介入和推动,个人才摆脱了原生家庭的束缚,获得了婚姻自由,掌握了对于婚姻大事的自我决定权。这显然体现了婚姻、家庭与国家利益的一致性,只有在国家的帮助下,个人在婚姻、家庭方面所具有的利益才能完全实现。并且从体系解释的角度来看,我国宪法文本中将对婚姻家庭的保护与母亲、儿童、老人等主体的保护紧密联系在一起,后者呈现对特定家庭成员的特殊保护,这更说明了国家应该采取积极干预的方

---

① 参见[德]康拉德·黑塞:《联邦德国宪法纲要》,李辉译,商务印书馆2007年版,第359页。

② 参见许崇德:《中华人民共和国宪法史》,福建人民出版社2003年版,第807页。

式,为公民享有权利提供充分的条件,特别是对社会中相对弱势者的权益给予关注。

社会主义的宪法理论,以及对于我国基本权利分类的认知也处于不断变化之中,个人利益和国家利益在这个过程中不可避免地会产生冲突,尤其是在婚姻、家庭这样极为私密的领域,国家力量更加应该与个人空间中的事务保持一定距离,因而强调婚姻自由抵御国家侵犯的功能是非常必要的。传统分类确实强调婚姻自由需要国家积极作为来保护的一面,但是这并不意味着国家可以干涉公民结婚、离婚的事项,或者干涉婚姻关系主体对于婚内双方相互之间的权利义务关系作出符合自身利益的调整。此外,对于传统的经验性事实也不能一概而论。虽然在革命时期,国家力量帮助青年男女摆脱了家族势力的束缚,获得了婚姻自由,但公权力所设置的诸多程序和条件也曾在一定时期对婚姻自由构成过度限制,导致国家、家庭、个人之间关系的错位。因此,不能否认我国宪法中婚姻自由对抗国家的防御权功能。国家法律对于身份领域的介入,需要充分尊重其自然形成的人伦秩序,认可既定的身份关系规则,强调国家意志在人伦秩序法律化过程中的宽容和谦抑①,支持身份主体自治解决问题的方式,减少因强制性的权利义务安排而给既有家庭秩序带来的冲击。

(二)婚姻自由的权利主体

如果仅着眼于“婚姻”二字,在宪法规范中寻找享有婚姻自由的权利主体,那么宪法对于其主体的规定并不明确。在“婚姻……受国家的保护”和“禁止破坏婚姻自由”这两款中,其语言

---

① 张作华:《认真对待民法中的身份——我国身份法研究之反思》,载《法律科学(西北政法大学学报)》2012 年第 4 期。

表述上并不像其他规定权利的条文那样明确表述为:“中华人民共和国公民有……权利/自由”。“婚姻……受国家的保护”这一款中,很明显国家不可能是婚姻自由的权利主体,而是提供保护的义务主体;“禁止破坏婚姻自由”这一款中,“禁止破坏婚姻自由”是一项禁止性规范,是对特定主体的对他人婚姻自由的破坏行为的一种限制,但没有明确禁止破坏“谁”的婚姻自由。这一条的其他款中,夫妻、父母等主体名词,都是婚姻关系形成以后或者生育行为发生之后,而形成的家庭主要角色关系。其中,“夫妻”是双方在结婚行为完成之后形成的身份关系,双方互为配偶。那么在婚姻关系存续过程中以及解除婚姻之时,可以认为二者是权利主体,但是不能以此涵盖结婚自由,不能回答谁可以结婚,以及可以跟谁结婚的问题;“父母”更是相对于子女而言的一种身份关系,与婚姻关系的形成并无必然联系,不结婚没有婚姻也不影响父母与子女之间关系的形成。[①] 因此,单从第 49 条来看,是无法明确婚姻自由的权利主体的。一般认为基本权利的享有主体是该国公民,但是这无法解释现实中跨国婚姻的双方主体是否受到特定国家保护的问题。这就需要进行体系解释,从第 49 条所处位置来进行整体分析。

1. 中华人民共和国公民

我国《宪法》第 33 条是第二章公民的基本权利和义务的第一

---

① 传统上,是男女结婚之后生育后代,形成父母和子女之间的关系。但是现代社会中,男女在未婚情况下生育的后代,也构成父母和子女的关系,非婚生子女的权益也得到法律的保护。收养关系中形成的养父母和被收养的子女之间也不必然以婚姻关系为前提条件。此外,现实中的代孕、购买或利用她人卵细胞受孕等多种现象出现。尽管法律禁止,但新生命确实由此孕育和诞生,这些现象中父母和子女之间关系的产生已经不以婚姻关系为前提要件。

个条文,可作为本章的概括性条款,其中就包含了对于基本权利主体的规定。第二章“公民的基本权利和义务”是一个偏正结构的短语,由定语“公民”和中心语“基本权利和义务”构成,可以将前者看作修饰语,从主体范围的角度描述或限定后边的中心语。第33条第1款界定了“公民”是指具有我国国籍的人,文本中多项基本权利条款的表述也多采用中华人民共和国公民有何种权利/自由。因此,中华人民共和国公民是婚姻自由的权利主体。从贯彻基本权利保障最大化的原则来看,每一个公民都应该受到婚姻自由的保障。任何人到了适龄阶段,都会与他人进行结合和共同生活,建立婚姻这种长期关系。各个国家针对不同的人口发展状况和社会历史传统,对可以结婚的主体进行了限定,比如要求当事人是无配偶身份、达到一定的年龄、没有患有法律规定的疾病等。这些是立法对于从事结婚这项民事法律行为的主体进行的限制和要求,其合宪性需要结合具体场景和社会发展阶段来进行判断和再审视,不能以此来否定宪法上婚姻自由的权利主体的广泛性。

(1)婚姻自由的行为能力:法定婚龄

对于达到法定婚龄前的公民,不能说该公民没有婚姻自由,而是基本权利主体行使或者主张该权利的行为能力由立法者具体化了。具有基本权利的权利能力者未必就有基本权利的行为能力。[①] 例如,10岁儿童当然享有婚姻自由,具有该项基本权利

---

① 类似于胎儿是否享有生命权,以及丧失生命之后的人是否享有人格尊严等,都涉及到基本权利主体的权利能力和行为能力。相关的问题还包括得以主张基本权利的年龄问题,例如:青少年多少岁可以加入社团或者皈依宗教,多少岁可以行使婚姻自由等。基本权利的权利能力和行为能力还需要在宪法层面做重新思考。参见张翔:《基本权利的体系思维》,载《清华法学》2012年第4期。

的权利能力,但是他必然欠缺行使这项权利的生理和心理条件,不具备该项基本权利的行为能力。判断是否具有基本权利的行为能力,一般有以下两种模式:一种是“浮动的年龄界限”,根据每一个人的理解和判断能力来确定,而不是一概而论;另一种是“固定的年龄界限”,由法律设置统一的年龄标准来确定所有人的基本权利行为能力。基本权利的行为能力与民法上的行为能力不可等同,因为基本权利关乎个人人格的发展和完善,其行使与主体的理解以及实现能力密切相关,需要针对个别基本权利做不同的观察,并且民法上自然人行为能力的欠缺还可以由其法定代理人的同意而补充,但宪法上基本权利行为能力的欠缺则无法补充。①

各国都在法律中规定了法定婚龄,即采用了“固定的年龄界限”模式来统一规定公民可以结婚的最低年龄,这是一项强制性规定。这就是对婚姻自由这项基本权利的行为能力通过法律进行了具体化。因为年龄这个要素对于公民婚姻自由的实现具有重要的意义和作用,婚姻关系中当事人的权利享有和义务承担都需要一定的生理和心理基础。此外,对于年龄的限制性规定具有客观因素。不同社会不同时期内的人口状况、人口政策、文化传统等都对法定婚龄的设置具有不同程度的影响。这也是立法形成的结果,将公民行使婚姻自由这项基本权利的时间阶段做了限定,使其在某个时间段处于被冻结和待行使的状态,到了一定年龄之后这项权利再被激活。

---

① 参见法治斌、董保城:《宪法新论》,台北,元照出版有限公司2014年版,第154页。

(2)法定婚龄对于保障婚姻自由的意义

从另一个角度看,法定婚龄也可以看作国家保护婚姻自由的一项措施。中国历史上“童养媳”的陋俗,以及很多包办婚姻的发生,都是利用婚姻当事人年纪幼小、缺乏认知能力、生理和心理不成熟等特点。此外,童婚这种现象在非洲、中东、南亚等很多国家和地区,以及不同宗教信仰教徒中依然很普遍,剥夺了男女的婚姻自主权,是对现代人权价值观的严重扭曲。现代文明国家都规定了法定婚龄,因为对于婚姻这样的关乎人生发展的重大事宜,每一个公民都需要具有理性成熟的心智和思考能力来选择和决定,这样才能更好地行使婚姻自由这项基本权利,而非被他人利用和破坏。因此,不能因为法定婚龄的制度设计,就对宪法上婚姻自由权利主体范围进行限缩,应该从这项基本权利主体的行为能力被立法者具体化的角度来看待。更何况,婚姻法上法定婚龄的合宪性也是需要根据宪法上的婚姻自由条款来进行再审视的。①

2.外国公民和无国籍人

我国《宪法》第32条规定对在中国境内的外国人的合法权利和利益予以保护。这里规定的是“合法权利和利益”,不能直接

① 根据我国《民法典》第1047条,男性不得早于22周岁,女性不得早于20周岁。从世界范围来看,我国的规定属于少数高婚龄的立法例。长期以来,我国人口增长过快,人口基数庞大,对社会经济发展造成很大影响。适度提高法定婚龄,会对人口的增长速度起到一定抑制作用。因此我国《婚姻法》(已废止)在1980年修订时,将原来的男20岁、女18岁调整到现在的规定。但是,我国目前正步入老龄化社会,经济社会的发展和进步使得我国年满18周岁的成年人的素质越来越高,法定婚龄是否应该有所降低应该成为立法者思考的问题。而《婚姻法》第6条中“晚婚晚育”的规定在婚姻的缔结问题上应该是一项倡导性的规定,并非强制性规定。任何机关、部门不得以法律规定的“晚婚晚育”为由干预自然人的结婚合意。

与基本权利对等,那么婚姻自由算不算这里的“合法权利”,或者说外国公民和无国籍人是否可以作为婚姻自由这项基本权利的主体来看待?《宪法》第二章明确我国公民系基本权利主体,如果由此得出基本权利专属于我国公民,这种文义解释过于狭窄。随着全球化进程的加快和中外交流的加速,在一定程度上允许并保护外国人行使部分基本权利是必要的。再加之不同国籍之间的公民通婚增多,我国的涉外婚姻不断增加,因而除了本国公民之外,外国公民和无国籍人的婚姻自由也受到我国宪法的保护,可以从以下几个方面来进行论证:

其一,我国《宪法》序言规定了和平共处五项原则,这一点是在解释外国公民和无国籍人是否享有基本权利时,应该纳入考虑的一项要素。其二,人权条款入宪后,为我国宪法注入新的价值因素,对于人权中的“人”应该做扩大解释,人权是人之所以为人所应该享有的权利,不应该以取得某国国籍的公民为限。其三,前述第32条中的“合法权利和利益”虽然不能直接置换成基本权利,但是中国是《世界人权宣言》的主要起草国之一,并对该宣言的制定和通过作出了卓越的贡献。此外,中国还签署并批准了《经济、社会及文化权利国际公约》。《世界人权宣言》和《经济、社会及文化权利国际公约》中都有关于婚姻自由的规定。从践行上述两项国际人权领域最有影响力的文书来讲,外国人作为婚姻自由的权利主体也是适当的。其四,从尊重个人自由、促进族群平等以及实现社会的多元的价值目标来看,将外国公民和无国籍人纳入婚姻自由的主体范围也是有必要的。

各国在宪法实践中,一般会把政治参与方面的权利保障与本国公民的身份认同相连接。这是自近代以来国家主权在观念和制度层面强化的体现,比如选举权和被选举权。但是,婚姻跟政治没有直接的必然联系。婚姻具有自然属性，其生理学基础是人与人之间在情感上的吸引。现代婚姻关系主要建立在双方情感吸引和依赖的基础上，每个人的国籍有法律规定，但情感的产生则不分国籍。谁会产生情感，以及对谁产生情感都无法用法律来限定。因此在全球化进程加剧人口的跨国流动和迁移的大背景下，外国人的婚姻自由也应该得到尊重和保障。

（三）婚姻自由的保护范围

如前文所述，婚姻是包含婚姻关系的建立、延续和终止的全过程。[①] 因而婚姻自由的保护领域贯穿整个婚姻从缔结到存续再到解除的过程，即结婚自由、婚姻关系存续中婚姻实体与双方权利的保护，以及离婚自由。

1. 结婚自由

结婚自由，即婚姻缔结的自由，指双方有权根据自己的意愿决定何时缔结婚姻，确定夫妻关系，国家不得以任何方式限制、影响和禁止公民结婚，也不应该以任何理由禁止从事某项职业或者接受某些教育的公民结婚[②]，主要包括结婚与否、结婚对象、结婚时间、结婚形式的选择。人类社会为性本能的满足提供了婚姻这一制度安排，个体在社会生活中寻找到合适的伴侣，缔结婚姻关系，组建共同的家庭，以夫妻名义共同生活，也能满足人的情感、亲密关系和生活安定等其他方面的需求，这是个体获得幸福生活的基本途径之一。我国婚姻自由的确立具有特殊的社会背景，主要是针对我国历史上的包办婚姻、买卖婚姻等强制或非法干涉公

---

① 参见张春生、宋大涵：《保障婚姻自由的一个重要方面》，载《法学研究》1981 年第 4 期。

② 参见周伟：《国家与婚姻：婚姻自由的宪法之维》，载《河北法学》2006 年第 12 期。

民结婚自主自愿性的现象。这一点从历史角度界定了我国婚姻自由含义的特殊语境。在这一语境下,我们强调当事人有权决定自己的结婚事项,不容许一方或者其他人的强迫、欺骗、乘人之危或者其他形式的非法干涉。双方意思表示一致是婚姻以互爱为基础的必要条件。

在当代社会中,新的个人生活方式和社会发展为人们缔结婚姻这种基本行为提供了多样化的选择途径,对于结婚自由的理解也更强调尊重每一个人对于有关结婚事宜的自我选择和自我决定,这要求国家相信公民作为一个独立而成熟的个体,可以对婚姻这样的与自身利益紧密相关的事项作出最佳的选择和判断。[①] 那么,公民对于是否结婚,选择谁作为结婚的对象,采取什么样的形式结婚,都应该属于结婚自由保障的事项。需要注意的是,我国婚姻法以及其他部门法对结婚自由进行了具体规定。婚姻自由作为我国婚姻法的一项基本原则,这意味着它既是婚姻法的立法指导思想,又是婚姻法规范的基本精神,也是调整婚姻家庭关系应该遵守的基本准则。该项原则贯穿于婚姻法的始终,集中体现了婚姻制度的本质和特点。[②] 但是,不能以婚姻法上的内容直接等同于宪法上婚姻自由的内容,它是对我国宪法上婚姻自由规范的具体化,并且在立法形成过程中对公民的婚姻自由进行了诸多限制。相反,我们更需要以婚姻自由的宪法含义来审视这些婚姻法律规范的合宪性。婚姻自由作为一项由宪法所保障的基本权利,需要由国家采取措施予以尊重和保障。婚姻法将婚姻自由

---

① See Edward J. Eberle, *Dignity and Liberty-Constitutional Visions in Germany and the United States*, Praeger Publishers, 2002, Preface.

② 参见杨大文主编:《婚姻家庭法》,中国人民大学出版社 2012 年版,第 50 页。

作为基本原则之一加以确立,正是国家通过立法的方式来保障婚姻自由这项基本权利的体现之一。从另一个角度来看,宪法因其所调整的社会关系的广泛性,通常也会以多种方式对传统私人领域的关系和事项进行原则性的规范。其表现之一就是宪法从保障公民基本权利的角度来推动诸多私法制度的发展和完善。婚姻、家庭等是典型的由私法调整的传统事项。宪法保护婚姻自由,明确规定性别平等,由此课予立法者制度建构的任务,推动了现代婚姻家庭制度的确立和完善,以及男女平等在社会各领域中的贯彻。

2. 婚姻关系的存续

双方个体缔结婚姻关系之后,结为夫妻,直至离婚或者其他导致婚姻关系解除的法定事由出现为止,这都是婚姻关系的存续期间。双方形成的婚姻整体,以及婚姻关系中的每一方在此期间的各项权利都属于婚姻自由的保护范围。换句话说,双方主体建立婚姻关系,得到国家法律的认可后,形成的婚姻实体,以及双方基于婚姻关系享有的各项权利同样受到国家的尊重和保护。此外,国家还应该尊重公民在婚姻私生活领域中的对家庭事务的自主决定权,也应该保护双方在婚姻关系存续过程中的生育自由、基于婚姻关系产生的互负生计负担及扶养的权利和义务得以全面实现,保护每个婚姻实体正常发挥其各项功能。[①]

婚姻关系存续的目的在于双方结合以追求美好幸福的共同生活,双方平等以及相互尊重是和谐美满婚姻生活的根本。婚姻家庭的自治以个人自治为基础,是保护个人隐私权的自然延伸。

---

① 参见杨遂全:《论国家保护婚姻家庭的宪法原则及其施行》,载《中国法学》2001年第1期。

婚姻家庭一直被视为个人隐私，被划定在距离国家权力相对较远的空间范围内，在该空间内公民可以对婚姻生活事务作出自由安排和管理，突出其自我管理、自我决定的一面，用他们选择的方式来确保爱情和亲情的存续，国家不得任意介入。许多国家的法律都规定了夫妻共享家庭事务的管理权，共同守护其婚姻生活。

《宪法》第49条规定了家庭中的特定成员受到国家的保护，比如，母亲、儿童、老人。所以，国家介入婚姻家庭关系的途径，大多是从具有社会权性质的领域，从人身、财产关系的私权争执领域，从相对弱势的家庭成员保护领域切入。① 此外，公权力介入婚姻双方的界限和方式也需要以尊重公民婚姻自由为原则，持审慎态度，一般应该从国家对基本权利的保护义务出发，利用基本权利的第三人效力理论，由普通法院在具体的案件审判中，对民法或者婚姻家庭法中的概括条款或者其他不确定法律概念进行解释，以此承担起审判机关应当负担的基本权利保护义务，而不是一概将原本属于婚姻家庭等私领域的侵权行为直接以立法方式列入公法范围，避免过度介入，破坏公民对其婚姻生活的自由决定和安排。

需要注意的是，夫妻双方对于生活方式的选择也属于婚姻关系存续期间的自主安排事项，共同居住还是分居，法律并不会强行安排。一般情况下，双方都希望在婚姻关系存续期间主张共同生活。这意味着国家也应该以维护夫妻共同生活为目的，而避免产生夫妻双方相互分离的效果。② 比如，根据《中华人民共和国

---

① 参见李震山：《宪法意义下之家庭权》，载《中正法学集刊》2004年第16期。

② 参见陈淳文、吴庚：《宪法理论与政府体制》，台北，三民书局股份有限公司2013年版，第295页。

出境入境管理法》和《中华人民共和国外国人入境出境管理条例》的规定，与中国人结婚的外国人，以及具有中国永久居留资格的外国人的配偶，可以申请家庭团聚类的入境居留签证。这样的规定是国家为保护婚姻双方主体共同生活而采取的措施。①

3. 双方个体权利的保护

婚姻关系由双方主体构成，必然导致两者在人身和财产方面处于相互依赖、紧密相连的状态，会为了对方以及婚姻整体而在个人利益实现方面有所牺牲和让步。但是即便是在婚姻关系中，每一个人的基本权利都应该受到保护和尊重，其独立的人身自由和人格尊严不因婚姻关系的缔结而被剥夺。

中国古代传统的思想是“男女之别，男尊女卑，古以男为贵”。② 宗法制度所确认的“尊尊”“亲亲”“长长”“男女有别”的等级秩序，是“礼”的核心，也是法律制度遵循的原则。古代婚姻关系存续的前提和基础就是男尊女卑和男权统治。古代社会中“三从四德”等礼教的束缚将妇女困于家中，没有从事社会活动的权利，与丈夫形成人身依附关系，这是对妇女人身自由的限制，也是对其人格尊严的贬低和剥夺。在男性为中心的宗法制度之下，家长权、财产所有权、继承权都归男子享有。结婚之后，妻子丧失了其独立性，自有人格为夫所吸收，一切身份和财产上的行

---

① 参见《中华人民共和国外国人入境出境管理条例》第6条规定了普通签证中包括的Q1字和S1字签证即为此类：Q1字签证用于“发给因家庭团聚申请入境居留的中国公民的家庭成员和具有中国永久居留资格的外国人的家庭成员，以及因寄养等原因申请入境居留的人员”。S1字签证是用于“发给申请入境长期探亲的因工作、学习等事由在中国境内居留的外国人的配偶、父母、未满18周岁的子女、配偶的父母，以及因其他私人事务需要在中国境内居留的人员”。

② 参见《晏子春秋·天瑞》。转引自瞿同祖：《中国法律与中国社会》，中华书局2003年版，第112页。

为都受到丈夫的支配,不能按照个人的自由意志行事,没有独立的主体资格。“妇女从人者也,幼从父兄,嫁从夫,夫死从子。”[①]从这个角度来说,妇女自出生到死亡都依附男子,充当家庭奴隶和传宗接代的工具。古代制度通过对男女关系的定位而建立起传统社会的性别等级,进而通过礼法结合影响了历代的法律,又构建了男女两性不平等的法律制度。现代社会中,婚姻是在双方平等、自愿的基础上缔结的,这是结婚自由的核心要义,那么婚姻的存在形态也必须保证双方的平等地位。

从体系解释的角度,我国《宪法》第 48 条规定了国家保护妇女在家庭生活中享有和男子平等的权利,第 38 条规定了公民的人格尊严不受侵犯,那么保障配偶双方个体在婚姻关系存续期间享有其作为一个有尊严的人所应该享有的基本权利,也应该属于婚姻自由的内在含义。婚姻虽然是双方的结合与依赖,但是否能够维系和保护已建立的婚姻关系、能否实现生活目标,以及婚姻质量的高低都与每一个个体是否受到尊重、享有人的尊严有直接的关系。双方在协调婚姻关系、对未成年子女行使监护权等方面具有相同的权利义务,包括双方得以自由选择个人职业和工作,个人财产的管理、使用、收益与处分,双方共同决定生育行为、生育子女的人数以及间隔等。

在此以《民法典》中对于夫妻共同债务的有关规定为例进行说明。根据《民法典》第 1064 条的规定,夫妻一方在婚姻关系存续期间以个人名义超出家庭日常生活需要所负的债务,不属于夫妻共同债务;但是,债权人能够证明该债务用于夫妻共同生活、共

① 《礼记・郊特牲》。转引自瞿同祖:《中国法律与中国社会》,中华书局 2003 年版,第 112 页。

同生产经营或者基于夫妻双方共同意思表示的除外。从表面上看，这一规定可能导致不共同承担债务，但却可能共享因为债务而赚取的利益。但这是一种丧失自我的推导逻辑，因为任何一方都可以拒绝接受未经同意而出现的所谓"善意"债务。《民法典》的这一规定重新诠释了双方主体在婚姻关系中应该享有的平等和尊重，是一种正确的价值导向和夫妻相处之道，是对传统思维的破解。换句话说，任何一方都拥有处置家庭债务和财产的代理权、知情权和选择权。即便是要组成婚姻家庭实体以促进整体利益的提升，个体的权利也应该得到重视和维护。从某种意义上来讲，这一规定带给处于婚姻关系中或者即将迈入婚姻的主体重新定义夫妻平等、尊重、信任，以及重新思考婚姻内涵的契机。

4. 离婚自由

感情可能会丧失，婚姻关系可能破裂。当一方或者双方不愿再共同生活，婚姻这个有机体就会死亡。离婚自由，是为了那些感情确已破裂、和好无望、婚姻关系无法继续维持下去的夫妻，能够通过法定途径解除婚姻关系。离婚自由的首要含义是国家不得以法律形式禁止公民离婚。近代社会对于婚姻自由的争取最早源于反对教会禁止离婚的斗争。欧洲中世纪教会视婚姻为神作之和，对离婚采取绝对禁止的态度。16 世纪婚姻还俗运动之后，婚姻才从神事回归民事。1792 年的《法国民法典》确立了近代离婚制度，取消了教会对离婚案件的管辖权，允许夫妻双方自愿达成离婚协议，或者根据法定事由提出离婚。①

婚姻发生不可挽回的破裂并不必然导致家庭的解体。如果国家通过法律来否定离婚防止家庭破裂是法律的伪善，只会激化

---

① 参见夏吟兰：《离婚自由与限制论》，中国政法大学出版社 2007 年版，第 29 页。

矛盾,给当事人造成更大的伤害。在微观上就个案而言,离婚确实导致了婚姻解体、家庭离散,动摇了之前稳定存在的婚姻关系。但是在宏观视角上就全社会而言,离婚自由在总体上改善并巩固了家庭关系,使那些已无生命力的婚姻得以解除,使当事人获得了重建幸福美满婚姻的可能性。没有离婚自由就不可能有完全的婚姻自由。如果禁止离婚,执意维持夫妻感情已经破裂的婚姻,反而是破坏了婚姻自由。结婚自由是先决条件,离婚自由则是有效补充,二者缺一不可。

首先,是否离婚应该由双方当事人自己作出,由双方的感情、意愿,或者他们的主观态度来决定,[①]任何第三方的主观臆断都不能决定婚姻是否成立或者继续,所以国家和除双方当事人之外的其他主体都不应该干预其离婚决定。

其次,夫妻双方都应该享有离婚自由,不是只有其中某一方才可以提出离婚。因此对于离婚自由的保障,除了要摒弃禁止离婚的宗教婚姻做法,还要反对夫权制度下的"片面"离婚自由。比如中国古代提倡女子"从一而终",实行男子专权的离婚制度。所谓"七出"是封建社会中的男性家族休妻制,也是最主要的离婚方式,其条件与男方家族利益和男性权威有关。尽管"三不去"是对休妻的限制条件,但是并非基于夫妻感情,而是因为社会伦理人情,首要考虑的依然是家族和夫权利益,正如清末法学家薛允升在《唐明律合编》一书中所说:"七出者,义之不得不去;三不去者,情之不得不留,总以全夫妇之伦也。"[②]而现代社会保障

① 参见张春生、宋大涵:《保障婚姻自由的一个重要方面》,载《法学研究》1981年第4期。

② 陶毅、明欣:《中国婚姻家庭制度史》,东方出版社1994年版,第254~257页。

的离婚自由,要确保婚姻关系中的双方都享有平等的离婚权,这是实现妇女与男子在家庭中权利与地位平等的体现。

四、"婚姻受国家的保护"的宪法含义

在"婚姻、家庭、母亲和儿童受国家的保护"这一款中,"受"可以补全为"受到",意为"得到、获得"。"保护"的提供者是国家,这句话可以理解为"国家保护婚姻、家庭、母亲、儿童",抑或是"国家为婚姻、家庭、母亲、儿童提供保护",国家被置换为主语。这一表述体现了其社会权性质。社会国家的理念产生后,在兼顾个人本位主义的基础上,体现社会本位主义的宪法成为一种新的范式,对现代各国的宪法产生了更大的影响。相应地,基本权利的规范形态也发生相应变化。比如,在肯定性的陈述语句中,以"国家"作为主体出现的基本权利规范表达对某一宪法事实状态的肯定,其规范释义伴随赋予国家积极的作为义务。使用这一类句式的通常是社会权。鉴于传统对于自由权和社会权的区分,社会权的保障需要国家的积极作为,那么相关的规范中就含有命令国家作为的宪法表达。① 因此,这一条就体现了公民在婚姻、家庭等方面所享有的基本权利具有社会权的积极属性,其实现需要国家的积极作为甚至强力推动。更进一步说,这一条所体现的既不是个人防御,也不是国家消极对待,并且它在一定程度上还限制了个人向国家主张请求的属性。因为从语义上也能看出,国家是是否采取行动提供保护的决定者,这既需要考虑国家主观的意愿或者意志力,还需要考虑客观的条件,包括采取某项措施的现实物质条件,以及国内外的大环境。

---

① 参见郑贤君:《基本权利原理》,法律出版社 2010 年版,第 113 ~ 114 页。

（一）“国家”的含义

对我国现行宪法的文本进行统计，“国家”一共出现了151次。首先，从形式上来看，“国家”一词的使用主要有以下两种情形：第一，单独出现，在句中成分是主语或者宾语，比如第20条的“国家发展”，第48条的“国家保护”，第49条的“受国家的保护”，第45条的“国家和社会”等；第二，与其他词语联合出现，组合成一个新的名词概念，比如“社会主义法治国家”“国家秘密”“国家立法权”等。从内容上来看，无论其形式如何，这151个“国家”主要从两个相互联系的角度来指代中国：一是从地理意义上指代“中国”；二是从政治意义上讲“中华人民共和国”。序言的主要内容之一是对新中国成立之前的历史叙事，讲述了中国人民的奋斗历程，这部分内容中的“国家”主要是指地理意义的“中国”；从序言第五自然段开始再到文本的最后，都是指“中华人民共和国”。

其次，根据不同的语境分析，可以将指代政治意义的“中华人民共和国”的“国家”概念内涵分为两类。第一，统一的整体或者共同体意义上的“中华人民共和国”，是包括了经济基础和上层建筑、国家机构和公民的全部构成要素的共同体。比如序言最后一自然段的内容明确了宪法作为国家根本法的地位，意味着宪法是中华人民共和国的一切机关、政党、社会团体、组织和个人的根本法；又比如第5条中的“法治国家”、第28条的“国家安全”、第51条的“国家的利益”、第52条的“国家统一”、第53条的“国家秘密”等，都是指作为共同体整体意义上的“中华人民共和国”。第二，仅仅指作为政治上层建筑，包括某种制度和机构或者组织。比如第36条的“国家教育制度”、第43条的“国家发展”、第46条的“国家培养”等。

在第二章“公民的基本权利和义务”中出现的“国家”，除了少数条款之外，都是指代我国的政治上层建筑，其内涵不包括“公民”和“人民”，目的是从保护公民基本权利的角度出发，为国家权力设定积极的保护公民的义务。如果在理解这一部分的“国家”含义时，将“公民”或者“人民”纳入其中，那么文义和逻辑会出现混乱，而且会导致国家权力有机会消减宪法赋予自身的义务或者责任。具体到“婚姻受国家的保护”这一条文中来，从文义上来理解，“国家”是对婚姻提供保护的主体，因此不可能是某种制度，而是国家机构，即《宪法》第三章中规定的“国家机构”。国家机构作为一个整体都属于“婚姻受国家的保护”中的“国家”的范畴，都负有保护婚姻的义务和责任。

（二）“保护”的含义

从我国宪法文本中“婚姻、家庭……受国家的保护”规定的文义来看，国家对于婚姻家庭有保护义务。“保护”意为“尽力照顾，使不受损害”①。如前文所述，我国宪法文本对于婚姻自由的规定并没有将国家侵犯和私人侵犯区别开来，国家提供保护防止私人对于公民婚姻自由的侵犯更具有现实意义。这样的解释透露出“保护”中更多的积极因素，除了自己不侵犯之外，还要求在公民婚姻自由受到除国家之外的第三方侵害时，国家需要以积极的姿态介入去排除侵害，帮助公民抵御来自第三方的侵犯。此外，“保护”一词涵盖的行为不一定是具体的，还包括各种抽象的可能性。国家不可能在生活日常的细微之处给所有人提供面面俱到的保护，而是要在宏观上通过制定法律、构建制度来照顾婚

① 参见中国社会科学院语言研究所词典编辑室编：《现代汉语词典》，商务印书馆2017年版，第45页。

姻、家庭，提供实质性的前提条件来履行其保护义务。

婚姻自由作为一项基本权利，内含了多重层面意义。一方面，它是公民个人可以主张的主观权利；另一方面具有客观价值属性，对整体国家权力具有拘束作用。① 德国宪法法院最早在著名的吕特判决中明确了基本权利的双重性质，认为："基本权利首先是人民对抗国家的防御权，然而在基本法的基本权规定中同时也体现了一个客观的价值秩序，作为宪法的基本决定，客观价值秩序对于所有的法领域都产生效力。……立法、行政与司法都受其指导与推动。"②根据客观价值秩序理论，基本权利的实现需要国家提供各种物质和制度条件，国家的这项义务被称为国家的保护义务。③ 作为严格法学概念的"国家保护义务"具有具体含义。一方面，所谓"保护"涉及三方面的关系，国家的保护义务是国家保护公民免受第三方的侵害。另一方面，国家履行该保护义务最主要的方式是国家制定法律形成制度，为公民基本权利的实现创造条件。

借助上述理论，将我国宪法对婚姻的特殊保护置于基本权利的客观价值秩序框架下来理解，可以更加清楚地阐述其内涵。婚姻被看作共同体整体秩序的要素，是天然而基础的社会单位，除了对狭义的国家生活领域有意义之外，还规范了共同体秩序的其他客观法的基础与特征，对共同体所希冀的宪法生活具有重要的意义。婚姻、家庭属于个人极为私密的事项，需要防御权功能来

---

① 参见赵宏：《主观权利与客观价值——基本权利在德国法中的两种面向》，载《浙江社会科学》2011 年第 3 期。

② BVerfGE 7, 198 (205). 转引自张翔主编：《德国宪法案例选释》，法律出版社 2012 年版，第 22 ~ 25 页。

③ 参见张翔：《基本权利的规范建构》，高等教育出版社 2008 年版，第 113 页。

要求国家与私生活领域保持一定距离，但婚姻、家庭之于国家的价值同样重要且不可或缺，是整个社会共同体的价值基础，要求一切公权力机关受此约束，运用所有可能的手段来促进和实现宪法对于婚姻家庭的保障。

（三）制度性保障的引入

权利的保障都依赖于制度的建构和运转。一些制度先于宪法出现而存在，对于国家、社会以及全体公民具有重要的意义，因而被制宪者在宪法中规定下来。对于这些在先的制度，立法机关不能否定和破坏其核心，还需要积极维护，并根据社会情况的变化和发展，不断加以调整并促进其完善。对于那些本没有制度来保护的基本权利，立法机关就需要建立具体制度，促进基本权利的具体化和最终实现。因此，婚姻自由具有的功能之一就是要求立法机关积极建立和维护婚姻制度。这才是婚姻自由、以及婚姻家庭受国家保护的权利实现的前提性因素。这一制度跨越公法和私法两个领域，涉及多重社会关系，贯穿结婚、婚姻关系维护、离婚整个过程，要解决多个成员之间的权利义务关系。面对如此复杂的现实情况，除宪法规定外，还需要立法机关在具体的法律规定中予以明确，并通过行政机关和司法机关在法律实施中予以落实，从而保障公民婚姻自由的实现。

1. 古典意义上的制度性保障

制度性保障理论的提出对基本权利体系与宪法学理论产生了重要影响。根据施米特的划分，基本权利和制度性保障存在区别。宪法可以为某些特定的制度提供一种特殊保护，这些保护并不是真正意义上的基本权利，只是防止立法者用普通立法来废除这些制度的核心。这种制度仅存在于国家之内，仅涉及法律上所承认的制度,并非建立于原则上不受限制的自由领域观点。[①]

制度性保障的提出有着特殊的法制背景。各种新兴权利类型都被纳入德国魏玛宪法中,导致基本权利篇“肥大”的现象,也使得基本权利的规定仅是单纯纲领,这样一来基本权利的意义全无而空洞;另外基本权利的保障被置于法律保留之下,内涵尽失。[②] 通过制度性保障理论,施米特意图区分出性质上不属于基本权利的部分,并将此部分建构出一套立法者所不能废止的宪法制度。施米特认为德国魏玛宪法在“基本权利与基本义务”篇中,除了典型的自有保障之外,还有其他不同的规定。这些规定在一般法律中可以找到,并且从其逻辑结构来看,与行政和司法部门所适用的法律相差无几。这些规定是一种特别法律,不具有基本权利的性质。在德国魏玛宪法中关于婚姻是家庭生活的基础的规定就属于制度性保障,属于私法制度的保障。其他公法制度的保障,还包括乡镇的权利、公务员制度、学术自由的保障、禁止设置例外法院等。施米特认为,在国家内部,不可能存在自然团体或者有组织的团体的基本权利,婚姻和家庭只能作为制度而受到宪法的保护。[③] 立法者要将家庭作为一种具体的秩序观,而不是抽象列出一个普遍性的概念。立法者接受家庭制度,就意味着要接受家庭之中所蕴含的“良善家父”的理念,否则就是抛弃

---

① 参见[德]卡尔·施米特:《宪法学说》,刘锋译,上海人民出版社2016年版,第229页。

② 参见李建良:《“制度性保障”理论探源——寻索卡尔·施米特学说的大义与微言》,载《公法学与政治理论——吴庚大法官荣退论文集》,台北,元照出版有限公司2004年版,第227页。

③ 参见[德]卡尔·施米特:《宪法学说》,刘锋译,上海人民出版社2016年版,第229~233页。

了家庭制度。[①]

2. 现代制度性保障理论的发展

时过境迁,施米特当时提出制度性保障的语境已经发生了变化。这种变化体现在基本权利规范已经具有了很强的实效性,对公权力有了绝对的约束力,而不再只是纲领性的条款。现代制度性保障理论的内涵也发生了变化,是进一步加强基本权利效力的一种理论[②],其最终的目的在于使基本权利得以真正实现。

对于制度性保障理论一般存在两个描述面向。一是不结合基本权利论述的古典意义上的制度性保障概念。对于历史上已经形成的制度,立法者不能损害其核心或者加以废弃,是对现状的保障。在德国宪法理论中,这类先验地认同某些特定的既存制度应该受到宪法的特殊保护,即所谓"现状的担保",主要被应用在地方自治制度的保障中[③],地方自治是从宪法高度予以保障的制度,可以约束立法者,避免通过法律架空或者废除地方自治。[④]二是制度性保障的描述面向是与基本权利密切关联的,除了要保障已有的制度,还要求立法机关去制定、形成和完善制度,为基本权利的实现提供条件。这一面向比古典意义上的制度性保障具有更为积极的内涵。

根据制度性保障理论的发展,基本权利除了是公民个人的主

---

① 参见[德]卡尔·施米特:《论法学思维的三种模式》,苏慧婕译,中国法制出版社2012年版,第100~107页。

② 参见张翔:《基本权利的规范建构》,高等教育出版社2008年版,第115页。

③ 参见《德国基本法》第28条第2项规定,在法律的范围内应该保障乡镇市自治团体独立承担处理自治事务的权利。

④ 参见法治斌、董保城:《宪法新论》,台北,元照出版有限公司2010年版,第467~468页。

观权利,也是生活关系中的建制,具有客观的以及制度上的特征[①],国家有义务建立新的秩序,以维护其自由。制度性保障是基本权利所具备的一项新的功能,国家通过建立某项制度明确某一基本权利的具体内涵,并促成其运转和实施,介入私人之间的关系,促进基本权利的效力最大化。[②] 这样一套新的解释框架使基本权利的客观价值秩序性质具有一定的开放性,这样当新的问题出现时,可以使宪法解释的新的突破具有教义学上的基础。

3. 对婚姻自由的制度性保障

德国联邦宪法法院在《同居生活伴侣法》合宪的判决中,明确了宪法对婚姻家庭的保障兼具主观权利与"价值决定性之原则规范"的性质,同时还具有在此之外的第三种独立保障的内涵,即制度性保障的内涵,其特征在于这种保障仅针对婚姻家庭的本质结构,这种本质结构的确定往往来自法律传统的规定。详言之:(1)作为防御权的婚姻自由,保障个人缔结婚姻和形塑婚姻的自由,防止国家对此的侵犯;(2)作为制度性保障的婚姻自由,保障婚姻的核心内容不受立法者改动,维持婚姻制度的本质结构原则;(3)作为价值决定的婚姻自由,首先禁止国家歧视或损害婚姻,进而要求国家通过适当方式对婚姻进行扶助,以实现对婚姻的特殊保护。[③]

也有学者尝试运用古典意义上的制度性保障理论来解释和建构我国宪法文本中对于婚姻自由的规定,认为制度性保障理论

---

① 参见陈淳文、吴庚:《宪法理论与政府体制》,台北,三民书局股份有限公司2013年版,第110页。

② 参见张翔:《基本权利的体系思维》,载《清华法学》2012年第4期。

③ 参见黄舒芃:《隔离但平等?——从"收养同性伴侣养子女"一案检讨德国联邦宪法法院对同性伴侣法制之立论》,载《兴大法学》第16期(2014年)。

主要针对位于基本权利部分但并不具有基本权利形式的特殊条文。根据其论述,婚姻自由并不具有基本权利的性质,理由在于婚姻制度因国家法律建构而形成,但是作为第一代人权的自由权,却是先于国家以及法律而存在。所以我国宪法中的婚姻自由不是公民的基本权利,公民不能基于此来请求国家不得侵犯。婚姻自由仅是婚姻制度的核心,根据"核心不得废止、边缘可以限制"的要求,立法者不得破坏这一核心。①

笔者认为,这种观点和结论都是值得商榷的。首先,该观点对于制度性保障的理解仅仅停留在其古典意义层面,忽略了制度性保障作为一项理论的新发展。施米特当年特意区分基本权利与制度性保障的法制背景已经不复存在,如今对于制度性保障内涵的理解,应该符合时代需求,而非拘泥于彼时的意涵。制度性保障与基本权利并非是相互对立、完全区隔开来的两个概念,而是一体两面,相互依存的。② 基本权利的实现,原则上都依赖国家提供一定的给付或者建立制度,有关制度性保障部分的论述,都可以转化成为基本权利所对应的国家保护义务的内涵。其次,这样的理解将宪法上的婚姻等同于法律上的婚姻,明显限缩了婚姻自由的保护范围,也忽略了这样一个事实,即婚姻是早于国家和宪法存在的一种社会关系。婚姻不是国家赋予公民的一项特权。宪法上的婚姻概念赋予了早已存在的社会关系以规范性,并基于该社会关系对于国家和社会的重要性,在法律层面建构了婚

① 参见王锴:《婚姻、家庭的宪法保障——以我国宪法第49条为中心》,载《法学评论》2013年第2期。

② 参见李建良:《"制度性保障"理论探源——寻索卡尔·施米特学说的大义与微言》,载《公法学与政治理论——吴庚大法官荣退论文集》,台北,元照出版有限公司2004年版,第262页。

姻制度来予以规范、调整和保障。最后，如果运用古典意义的制度性保障理论来解释我国《宪法》第49条，婚姻自由的基本权利性质被模糊，更排除了其防御权功能，这与我国宪法规定婚姻自由，防御和对抗公权力以及他人侵害个人对于婚姻的自主决定权的目的不相符。

因此，在承认婚姻自由是一项基本权利，兼具主观权利和客观价值秩序的双重性质，并且具有制度性保障功能的同时，还应该运用制度性保障理论的新含义来帮助理解我国宪法文本中婚姻自由的规范内涵，从而审视我国婚姻制度和其他相关配套制度的构建和完善是否具有合理性，是否符合宪法规定的国家保护婚姻、家庭的基本要求，而不是将婚姻理解为"现存的""既有的"制度，提前将宪法上的"婚姻"的范围和内涵进行人为限缩。在宪法运行的过程中，出现规范与现实的冲突是正常现象，这种冲突在多数情况下是人们对规范的固有理解和现实发展之间的冲突。而宪法规范本身是具有高度概括性和富有弹性的规范体系，需要通过宪法解释来吸纳新现象，回应公民新的权利诉求，使作为社会生活高度浓缩体的宪法与丰富多样的社会生活之间实现协调发展。因此，社会变迁以及由此带来的婚姻观念变化，应该通过宪法解释被宪法规范体系所吸收。

4. 婚姻制度与其他制度之间的关系

某项制度本身并不是单一和独立存在的，而是与人类社会中的其他各项制度相互关联的。婚姻制度的建立，同样处于各项制度的交错之中，需要遵循制度生成和变迁的基本规律。比如，婚姻关系的成立以及解除需要有国家机关的认可，因而婚姻登记制度就是婚姻制度与政府的一个重要连结点；夫妻双方可以基于婚姻关系享有各项税收减免的福利，相关的家庭税收特殊政策是婚姻制度与国家税收制度的连结点;刑事诉讼法规定了强制证人出庭但被告人的配偶、父母、子女除外,近亲属证人免于强制出庭的规定是婚姻制度与刑事诉讼制度的连结点;夫妻双方基于婚姻关系拥有决定对方进行相关医疗行为的同意权,这是婚姻制度与医疗保险制度的连结点。这样的例子还很多,由此可见,不能仅仅因为婚姻是以两人的感情关系为焦点,就将观察和思考的维度局限在两人之间,而是要对婚姻制度与其他社会制度的关联性进行通盘理解。

此处以税收制度为例说明。现代国家基本都实施了不同程度的家庭福利政策,其中税收优惠是国外家庭福利供给的主要手段。从这个角度来讲,税收也属于国家为婚姻与家庭提供制度性保障的重要环节。婚姻与家庭作为人与人之间的生活共同体,在经济意义上应该享有税法的特别保障,并促进其发挥功能。因此,对于以婚姻为单位的税收应该注重对婚姻的保障,而不是带有惩罚婚姻的作用。家庭承担着保护、教养子女的责任,这些事务所需要的费用和支出应该构成宪法所保障的、不得侵入的生存底线。德国宪法法院在夫妻共同课税案中指出,较高的累进税率的所得税法规定是无效的,因为该所得税法使婚姻的共同体相对于同居者而言,处于显然更不利的地位,违反了基本法有关保障婚姻和家庭的规定。[①] 从丰富和拓展因婚姻关系而享受福利供

① 1957年“夫妻共同课税案”。此案基本案情是:按照1952年的《德国个人所得税法》,夫妻应该合并申报所得税。有夫妻对此提出异议,因为按照新的合并纳税的规定,他们夫妻二人要缴纳的个人所得税,超过了他们分别纳税的总额。也就是说,合并纳税要交得更多。德国联邦宪法法院审查认为,这种税收政策构成了“对婚姻的惩罚”,违背了“婚姻家庭保护”作为客观价值秩序课以立法者的保护义务,基于此,宪法法院宣布1952年《德国个人所得税法》因为抵触《德国基本法》第6条第1款而违宪,并要求个人所得税的制度建构必须考虑婚姻家庭的制度性保障。

给手段的角度来讲，我国对于保障婚姻、家庭的相关配套制度还相对欠缺。公民并不因为其已婚身份而获得较其他人士更多的福利。未来可以适度考虑家庭迁移流动、素质投入和托老抚幼等特点，探索通过税收抵免、税收扣除等手段来提高家庭抗风险的能力。[①] 这意味着各部门法在进行制度设计时，如果涉及婚姻家庭问题，需要采取适当的措施来支持和帮助家庭，这是履行保护婚姻家庭义务的体现，也是婚姻自由的制度性保障功能的核心要义。

综上所述，婚姻不仅仅是一纸结婚证书、一场公开庆祝的仪式，更多的是婚姻制度带给双方的权利和义务，这伴随婚姻成立后的漫长生活，给婚姻制度的参与者提供多方面的保障和利益，使他们的结合长久而稳定地维持下去。

综观各项制度，都是由一系列规则所组成，包含了制度所要确立的价值以及保障价值实现的规则链条。如果该制度得以有效推行，则其背后的价值将得到全社会的最终认同。反之，制度的价值不被认同，或者制度本身的设计不合理，与现实生活存在偏差，制度就会扭曲、变形甚至废止。婚姻制度及其相关配套制度也应该遵循制度生成和变迁的基本规律。以婚姻为核心而衍生出家庭中的各种亲属身份关系，与个人的人格形成与自由发展密切相关，也是社会形成与发展的基础。对于婚姻家庭这样的具有高度私密性的生活关系，国家应该尊重既有伦常、道德规范的分际，以尊重公民的自律为原则。国家需要制定法律并完善制度，将宪法对婚姻、家庭的保护具体化并在现实中确保其实效性，

---

① 参见王军平、翟丽娜：《OECD 国家家庭福利政策实践与启示》，载《北京社会科学》2012 年第 5 期。

但法律的制定不得无视既有的人伦秩序而进行不适当的介入，其目的在于确保家庭生活关系稳定而完整，促进个体人格的自主完善，以及维护人的尊严和幸福美满生活。

（四）“国家保护”的其他实现方式

1. 物质性给付

婚姻自由需要国家以积极作为的方式提供物品、设施和服务，才能获得实现。如前文所述，维持婚姻关系的存续与双方的生存生活水平密切相关，维持人的生命存在所必需的生活保障是维持婚姻、家庭稳定存在的前提条件。从这个角度来讲，国家以婚姻家庭为单位，提供相应的服务，满足各家庭及其成员在物质、经济上的要求，就是国家积极履行保护婚姻、家庭的给付义务，积极帮助和促进人们享受幸福美好的生活。

各国对婚姻采取的给付措施主要是针对婚姻关系存续过程中，因婚姻而形成的家庭实体以及婚姻关系的双方主体所能享受到的各项福利。婚姻关系一旦建立，双方个体形成家庭，即便后续生育行为产生新的家庭成员，也不导致原有的婚姻关系发生变化。国家对于婚姻、家庭的保护，包括对于婚姻实体，以及婚姻双方的个体保护。比如，美国有着繁杂的税收制度和政策，充分考虑了个人以及与婚姻关系存续所必要的开支和负担，设定了不同程度上的税收优惠和减免等措施，使不同收入和经济状况的家庭都能享受政府基于“维持家庭存续”的考虑而采取的倾斜保护。[1]

如果缺乏必要的物质基础，婚姻家庭所承载的各项职能也无

---

[1] 参见张燕玲：《家庭权及其宪法保障——以多元社会为视角》，载《南京大学学报（哲学·人文科学·社会科学版）》2011 年第 4 期。

法实现。以住房为例,家庭的含义之一即为居所和住宅。住房是为家庭成员遮风挡雨的物质性场所,也是他们交流情感的心灵港湾。但是现实中房价畸高,无数家庭为了拥有家庭住房而奔波,适龄儿女婚配,父母必然为了所谓的“婚房”而不惜倾注毕生积蓄,但有更多的家庭因为缺少住房而无法享受正常的家庭生活。对此,我国采取了保障性住房的政策,使婚姻家庭当事人有房可居,这是为其提供的优先保护,以维持和满足其基本生存需求。保障性住房政策就体现了公民享有的国家保护婚姻、家庭的受益权功能及其所对应的国家给付义务。保障性住房的受益者以家庭为单位,向主管机关提供相关证明文件进行申请,这就意味着公民是可以直接向国家行使提供保障性住房的请求权的,因为国家已经建立了保障性住房的制度,个人可以根据具体的细则要求来直接请求该项物质性利益的给付。这种住房完全有别于由市场形成价格的商品房,可以纠正因为过度的房地产市场竞争带来的社会不公正,保障社会正义,使经济困难的低收入家庭也能获得稳定的居住环境,平等获得最低生存条件,也体现了国家有给予公民物质上、经济上帮助和服务的义务。[①] 国家对于婚姻家庭住房的优先保护,从微观来看,为婚姻家庭成员自由全面发展提供了基本生活保障,为实现婚姻和家庭所具有的扶老育幼功能提供了物质基础;从宏观来看,此措施也为经济社会的稳定发展提供了坚实的后盾。

---

① 参见陈新民:《社会基本权利》,载陈新民:《德国公法学基础理论》(下),法律出版社 2010 年版。

2. 程序性保护

基本权利的实现需要程序保障。除了最核心的司法程序之外[①],还包括行政程序,尤其是行政机关作出行政行为时应当遵循的正当程序。此处以诉讼离婚程序的建构为例,来说明国家对婚姻自由的程序保障。

诉讼离婚体现了国家对于婚姻问题的干预[②],是法院审理夫妻离婚案件的程序,这是在双方就离婚事宜无法达成一致的情形出现时,依然保障离婚自由的程序设计。与之相对应,协议离婚则强调双方的合意,更多体现了当事人的意思自治。根据这两种程序,双方可以达成协议的,就适用协议离婚的程序;若一方要求离婚但另一方不同意,或者双方都同意离婚,但对离婚后财产分割、债务分担和子女抚养等问题无法达成协议的,可以通过诉讼离婚的程序来处理。诉讼离婚程序在功能上既是保障当事人之间的离婚争讼得到公正、合法、有效解决的必要手段,也是对主体的行为所施加的必要限制;在法律体系的归属上,既是程序法上的重要内容,也是婚姻制度不可缺失的组成部分。

值得注意的是,我国将离婚调解作为处理离婚诉讼案件必经的前置程序。调解是一个双方谈判协商最后形成一致意见的过程。调解作为一种有效的解决纠纷方式,在中国有几千年的历史,被国际司法界称为“东方经验”。新中国的调解制度源于革

---

① See Robert Alexy, *A Theory of Constitutional Rights*, trans. by Julian Rivers, Oxford University Press, 2002, p. 326. 转引自张翔:《基本权利的规范建构》,高等教育出版社2008年版,第116页。

② 参见夏吟兰:《离婚自由与限制论》,中国政法大学出版社2007年版,第129页。

命根据地时期的"马锡五审判方式"。[①] 离婚调解是一个解决冲突的过程,也是一个促使当事人承担自我决定和自己生活责任的管理过程。[②] 这项程序的建立避免了高成本和诉讼的不确定性,也避免了昔日以爱人相称的夫妻对簿公堂而给双方和其他家庭成员带来心灵和感情上的创伤,可以充分尊重当事人的意愿,增进双方的沟通,减少因为婚姻失败而产生的敌对和冲突。因此这项程序设计充分保障了离婚自由,尊重当事人的意思自治,也考虑到了婚姻家庭关系所具有的伦理亲情,体现了国家对婚姻家庭的保护。

3. 免受第三方的侵害

国家作为对公民婚姻提供保护的主体,还意味着保护公民免受来自除国家之外的第三方的侵害。[③] 基于保护私有财产权和隐私权的理念,国家公权力应该与家庭事务保持一定距离。即便在我国古代社会家国同构的体制下,也存在"清官难断家务事"的情境,因而婚姻和家庭往往被视为一个相对独立的领域,相关事务应该由家庭成员自行处理。但是,基于人权保障的需要,现代国家逐渐突破并介入私人家庭生活领域,为其提供扶助和服务。对于那些严重损害个体尊严和安全的行为,国家在必要时可以直接为个体给予照护。[④] 个人从传统家庭中解放出来,获得了相对独立的地位,转而对家庭以外的主体则产生了更多依赖。

---

① 参见《陕甘宁边区民刑事件调解条例》第 11 条规定:系属法庭之案,得由法庭以职权根据本条例之规定进行调解,或指定双方当事人之邻居、亲友或民众团体在外从事调解。

② 参见季卫东:《程序比较论》,载《比较法研究》1993 年第 1 期。

③ Volker Epping, Drundrechte, Berlin u. a: Springer, 2005, S. 43 ff. 转引自张翔:《基本权利的规范建构》,高等教育出版社 2008 年版,第 119 页。

④ 参见蒋月:《婚姻家庭法前沿导论》,法律出版社 2016 年版,第 478 页。

既然宪法认可婚姻、家庭对于每一个人的独立发展、每一个家庭成员的合法权益,以及家庭和谐、社会稳定都具有重要价值,那么国家就有义务通过各种手段来维护这项价值。当第三人在破坏该价值的时候,国家应该采取预防或者是追惩的方式,向公民提供保护,抵御因为第三人侵犯而带来的风险。[①] 换句话说,为了维护婚姻家庭中每一个人对幸福美好生活的追求,当婚姻实体或者婚姻关系中的某一方遭受来自第三方的侵害时,国家应该针对加害人的行为向受害人提供保护,对加害人的行为施加一定限制。

此处以我国刑法上规定的一系列妨害婚姻的罪名为例来说明。我国刑法规定了暴力干涉婚姻自由罪、重婚罪、破坏军婚罪等。此类犯罪侵害的客体是社会主义婚姻制度,具体来说包括婚姻自由、一夫一妻制、家庭成员之间相互扶养的义务等内容,惩罚的行为包括暴力干涉婚姻自由、重婚行为等。我们可以从刑法和宪法的关系角度来分析此刑事立法。一方面,立法者需要履行宪法为其分配的保护婚姻自由的义务。立法者履行此项保护义务的方式是设定具体罪名,确定具体的保护方式和范围,提供具体的保护方案,通过制定刑事法律,将对婚姻、家庭权利的侵害规定为犯罪,以此保护公民的婚姻自由以及婚姻受宪法保护的权利免受来自其他私人主体的侵害,这是对《宪法》第 49 条"婚姻、家庭……受国家的保护"所赋予国家的保护婚姻、家庭义务的履行。另一方面,宪法并不直接形成刑法规范本身,而是由刑事立法将

① 参见谢立斌:《自由权的保护义务》,载《比较法研究》2011 年第 1 期。

宪法保障的基本权利具体化，形成所要保护的具体法益。[①] 并且，为其提供保护的具体方式、范围和方案也是立法者在宪法的框架范围内形成，此一立法裁量应该受到尊重。换句话说，在具体情况下，立法对于宪法的具体化需要符合特定领域的现实情况，尤其是在婚姻、家庭这类关系到个人选择和家庭情感的情况下，国家的介入和处理需要更加慎重。立法者通过评价社会经验事实，来决定制定何种规范，以及具体的处理方式。[②] 刑法上对于婚姻、家庭的保护就需要考虑到该领域事务的特殊性，需要在保护受害人和限制加害人之间进行权衡。比如，暴力干涉婚姻自由罪属于“告诉才处理”的罪名，并且只有当暴力干涉足以使他人权利的实现受到严重阻碍和威胁时，才能构成本罪。原因在于现实生活中，婚姻自由的干涉者和被干涉者之间一般具有亲属关系，对该行为的处理不能影响家庭成员之间的关系和家庭的和睦，这也从另一个角度反映了婚姻自由与国家保护家庭之间存在一定程度的冲突，因而上述处理方式也是对此冲突的缓解。

① 参见韩大元、林来梵、张翔、白斌：《行宪以法，驭法以宪：再谈宪法与部门法的关系》，载《中国法律评论》2016 年第 2 期。

② 参见张翔：《刑法体系的合宪性调控——以“李斯特鸿沟”为视角》，载《法学研究》2016 年第 4 期。

第四章　体系视角中的婚姻自由

如前所述,从内容上看,我国《宪法》第 48 条第 1 款和第 49 条主要涉及婚姻、家庭和特定家庭成员保护三个方面。本章将阐述宪法上的家庭和特定家庭成员保护这两方面的规范内涵,将婚姻自由置于第 49 条所确立的整个家庭关系的框架体系之中。需要说明的是,第 49 条第 2 款明确将计划生育的义务限定在夫妻之间,属于男女双方在婚姻关系缔结之后,于生育行为方面应该向国家履行的义务,这项义务所指向的权利主体是国家,并非家庭成员之间对于彼此应该履行的义务。从一般宪法义务构成对基本权利的限制来看,本条中第 2 款有关计划生育的规定,是夫妻在生育自由方面受到来自国家人口政策的限制,因此将其作为婚姻关系存续过程中所受的限制,将在

第五章中予以论述。

一、宪法上的“家庭”

家庭是将所有成员紧密联系在一起的社会组织。若要定义家庭，每个人都可以根据自身经验或者感受罗列若干，但要作出能够囊括不同时期家庭形态和意义的定义是非常困难的。随着21世纪社会变动以及人权运动的发展，家庭的含义和价值处于扩张态势，概念界限更加模糊。

（一）宪法上家庭的概念

家庭的最初含义是指人的居住之地。[①] 这是从物理角度将人所居之实体空间作为家。我们现在的日常生活也会在这个意义上延续这一解释。但这只是家庭的一个有形载体，不能够代表家庭的全部含义。此后，家庭的含义扩大为婚姻关系形成后的结果，以共同生活的亲属为主体，是一个以婚姻、血统关系为核心的基本社会单位。[②] 马克思认为，家庭是夫妻之间的关系，是父母和子女之间的关系。从本质上来看，家庭是一种社会关系[③]。还有学者认为，中国人观念中的家庭，一层意思是指共同居住生活的血缘、亲缘或者姻缘关系组合形成的社会单元，另一层意思是指“关系亲近的家族共同体”。[④] 日本学者滋贺秀三认为，广义上的家庭是“家系相同的人”的总称，狭义上是“共同维持家计的生

---

① 参见《说文解字》对“家”的解释为：“家，居也。”《易·家人》的释文：“人所居称家，是家仅有居住之意。”

② 参见中国社会科学语言研究所词典编辑室编：《现代汉语词典》，商务印书馆2017年版，第625页。

③ 参见中共中央马克思恩格斯列宁斯大林著作编译局编译：《马克思恩格斯选集》（第1卷），人民出版社2012年版，第159页。

④ 参见张国刚主编：《中国家庭史》（第1卷），广东人民出版社2007年版，第2页。

活共同体”,所以总体上应该将家庭理解为共同保持家系或者家计的人们在观念上或者现实性的集团,或者是支撑这个集团生活的财产总体的用语。[①] 从上述学者们所概括的定义来看,家庭有多重含义,广义上,家庭、家族、宗族都可以称为家庭。从这个角度来理解,家庭并非有形可感知的空间概念,也不单纯是人与人在物理意义上的聚合和集中,而是以特定婚姻关系和血缘关系为连结点的社会关系总和。[②]

人类社会有了法律之后,将多数人经验共识中的部分予以规范化,比如将符合道德伦常的观念或者多数人所遵循的固定文化模式进行法制化。也就是说,法律将多数人所共有的家庭形式,或者多数人认同的家庭特点确定下来,形成法律规范中的家庭概念。因此,在这样模式下,婚姻与家庭具有必然的关联性。也由此区分出,法律意涵上的家庭与社会意涵上的家庭。换句话说,经由合法婚姻形成的家庭是法律意义上的家庭;而不论是否合法,以事实同居共处,有永久共同生活实质的家庭,则为社会意义上的家庭。我国法律中有关家庭的内容规定于《民法典》“婚姻家庭编”中,但是该编的内容并没有对何为“家庭”给出法律上的定义。在我国,有学者认为,家庭的法律概念应该是“同居一家共同生活,成员之间依法互享权利、互负义务的亲属团体”。[③]

从上述婚姻法学者的观点来看,法律所认定的家庭成员之间互享法定的权利,互负法定的义务。一个家庭要获得法律上的地

---

① 参见[日]滋贺秀三:《中国家族法原理》,张建国、李力译,法律出版社2003年版,第42页。

② 参见于晓琪:《婚姻的两面向——马克思主义婚恋家庭思想研究》,南京大学出版社2017年版,第160页。

③ 参见马忆南:《婚姻家庭继承法学》,北京大学出版社2014年版,第2页。

位,其形成途径或者方式也需要法律的认可。从《民法典》“婚姻家庭编”的整体来看,第三章是对“家庭关系”的规定,包括两节内容:“夫妻关系”和“父母子女关系和其他近亲属关系”。根据该法第1049条的规定,男女双方完成结婚登记后,取得结婚证,即确立婚姻关系。[①] 从这一点来看,婚姻依然是我国法律确认的家庭的形成基础。由此而产生的血缘关系是家庭成员之间的纽带,如果前述作为基础的婚姻关系解除,剩下的成员之间有血缘关系,也可认定为家庭。此外,《民法典》“婚姻家庭编”还规定了养父母和养子女之间的权利义务关系。因此我国目前法律认可的家庭形成的途径包括合法婚姻、血缘和收养,因婚姻而形成的夫妻关系只是家庭关系中的一部分。

根据现行婚姻家庭制度,除合法婚姻、血缘、收养之外的其他类型,比如未婚、无效婚、撤销婚、重婚、事实婚姻基础上形成的家庭,虽有共同生活的实质,但是不受法律承认,不具有“法律上一夫一妻与婚生子女”的核心家庭地位。但这只是根据婚姻法得出的结论,那么不符合婚姻法规范中合法婚姻的形式要件而形成的家庭,是否属于宪法上“家庭”的范围?笔者认为,从人权保障的价值目标来看,这些家庭都应该属于宪法规范中“家庭”的范围,受到宪法的保护。

1. 中国古代社会的家庭价值

中国传统社会中“家”的含义,并没有严格区分家庭与家族的概念。一般而言,家庭是指以婚姻关系为基础,共同居住和生

① 参见《民法典》第1049条规定:要求结婚的男女双方应当亲自到婚姻登记机关申请结婚登记。符合本法规定的,予以登记,发给结婚证。完成结婚登记,即确立婚姻关系。未办理结婚登记的,应当补办登记。

活、共享财产的血亲或者拟制血亲的社会组织体。家庭是婚姻的衍生物,婚姻甚至成为家庭唯一的形成基础。林语堂先生曾把传统中国的家族比喻成一个“铜墙铁壁的堡垒”,家族内部彼此互助,是“最高的结合体”,对外则采取“冷待的消极抵抗的态度”。[①]这一比喻强调了家在传统中国是一个共同生活的团体,发挥着组织生产和消费的经济功能,个人的角色分工、财产的分配、关系的调整在家族内部就可以完成。但是对外的“消极”和“抵抗”仅仅是相对于内部高度的紧密团结而言的,因为中国家庭具有外部的延伸性,形成“家国关系”。从中国的家法与国法,以及相关的家族秩序和社会秩序中可以看出,家族其实是国家的政治和法律单位。每一个家族维持其内部的秩序,那么整个社会和国家的秩序也可以因此而得到维持,这是“齐家治国”的现实基础。从政治学的角度来考察,中国古代封建社会就是一个“家天下”的政治体系。自西周确立宗法制度以来,从帝王将相到平民百姓,家都是中国人最依赖的组织。帝王被认为是天下所有的大家长,所有百姓皆为其子民,地方官吏则会被称为“父母官”。由此可以从两个维度来理解家庭在传统中国社会中的意义:一方面,家是一个相对独立的社会单位,内部形成一套完整的秩序网络,家与家之间有着明显的边界。另一方面,家庭又是组成国家的基本单位,国家所具有的在经济、教育等方面的社会职能,同样是家庭所要履行的职能,国就是家的自然延伸,国家的制度和职能实际上也就是家庭的制度和职能延伸。从家出发,古代中国构造出伦理本位的社会。比如,作为古代中国法律基础的礼,以及儒家思想强调的贵贱、尊卑、长幼和亲疏有别等原则,这些都

---

① 参见林语堂:《吾国与吾民》,群言出版社2010年版,第160页。

是维系传统中国家庭生存和生活运转的基本原则,甚至是精神内核。

但是,作为家庭组成部分的每一个个人在传统家庭中没有得到重视。每一个个人都从属于他所在的家族,所有的意志和行为都由父系家长的权力来支配,要跟随家长的脚步成长和前行,沿着世代行走的道路,未来便是一帆风顺,偏离正轨则意味着灾难和自我毁灭。[①] 比如财产归属方面,财产并不属于某一个人,而是属于家这个整体,只有家产没有个人财产,大多数情况下财产的管理权由大家长掌握,尽管这些财产都是每一个人的劳动所得。尽管每一个人都能在家族之中找到一个位置,但是他也不得随意僭越在家族中的位置,其行为准则要符合家的伦常意义,也要符合天理上的"大道"。通过"克己"和"不争",来抑制每一个人的私欲,消除其主体意识。正是因为这样的世代延续,每个人也都将其人生意义的追求内置于家庭之中,只有在家庭之中,才能塑造意义完整的人格主体。

从传统中国社会中个人、家庭与国家的关系看,家庭是最重要的社会单位,各项社会制度以及国家治理手段都以家庭为基础。每一个人的人际关系也都是基于家庭而展开,人们都以家庭关系为核心来展开自己的人际关系网络。费孝通先生提出差序格局的概念来描述中国社会的基本结构。这样的格局以个人为中心,由己及人形成不同的圈子。从生育和婚姻所结成的网络,可以一直推出去包括无穷的人。由此可见,整个中国社会的人际关系网是围绕家庭建立,每一个家庭都是这张网络当中大大小小

---

① 参见许烺光:《祖荫下:中国乡村的亲属·人格与社会流动》,王芃、徐德隆译,台北,南天书局有限公司2001年版,第226页。

的交织点,是社会共同体的基础。从己到家,由家到国,由国到天下,是一条通路。[①]

从社会治理结构来看,社会和国家是家庭的扩大和延伸,形成"家国天下"的社会治理模式。从这个意义上来讲,家庭是社会的基本模式和单位,维系家庭的稳定与和谐就是传统中国社会的主要治理目标。中国人的心中总是萦绕着很深的乡土情结,这种"家"的观念已经融入民族性格中,深深植根于中国人的内心深处,成为一种永久而稳定的精神寄托。

2. 近代中国社会对家庭的批判

随着农业经济的动摇,传统的大家族制度也将走向灭亡。在近代中国社会,传统家庭经历了社会变革带来的巨大冲击。传统家族制度、礼仪以及背后蕴含的思想,遭到近代自由主义思想家的批判,家庭中的"忠孝"品格被视为"戕贼个人之生产力,剥夺个人法律上平等之权利,窒碍个人意志之自后,损害个人独立尊严之人格"。[②] 鲁迅还认为,"尊孔、学儒、专经、复古"和传统的孝义是愚弄群众、故弄玄虚的宣教把戏。[③] 近代思想家们以激进主义姿态批判古代社会中的家庭,认为维系家族的规范是"吃人的礼教",因此要"毁家",将人从家族中解脱出来,成为社会中的人,"皆公民无私民"[④]。

但是,与其说家庭是近代社会所批判或革命的对象,不如说以封建生产方式为基础的家族统治制度才是批判或革命的对象,

① 参见费孝通:《乡土中国》,北京出版社2005年版,第36页。

② 参见陈独秀:《东西民族根本思想之差异》,载《新青年》1915年第4期。

③ 参见《鲁迅文集》(第3卷),人民文学出版社1973年版,第127页。

④ 张枬、王忍之编:《辛亥革命前十年间时论选集》(第2卷)(下册),生活·读书·新知三联书店1963年版,第917页。

本质上是无视人性与自由的专制压迫制度。由于宗法社会大家族的传统,一家之人听命于家长,一族之人听命于族长,族长享有家族中至高无上的权力和地位。但是对于族长权威的维护,是以牺牲家庭中其他成员的独立人格、个人意志以及个人权利为代价的。比如李大钊就极力提倡组织小家庭,反对几世同堂的大家族,他号召广大妇女走出大家族,建立小家庭,以获得更多的民主、自由权利。只有建立小家庭,才能真正实现家庭的和谐。

3.新中国成立初期的家庭价值变化

中华人民共和国成立之后,传统中国家庭的结构性关系被看成是束缚和阻碍个人解放和发展的因素,传统的家庭伦理和道德被看成是旧式礼教的残余需要被抛弃或者改造。出于对国家安全和新政权稳固的考虑,国家力量推动对社会的改造和重构,继续废除封建家族制度。

20世纪50年代,国家实行土地改革,家族的土地和其他财产被分到个人,宗族仪式被废弃,宗族以及与宗族相关的观念意识逐步解体。随后集体化的运动结束了家庭拥有土地和其他生产资料的历史,生产队组织生产,这样的方式导致了父权和家长权威的衰落。[①] 再从人口观念的变化来看,从以多生育为荣,到对生育进行限制,再到构建合理的人口结构,并且要把妇女吸收到社会主义建设中去,家庭规模也相对较小。通过建立新型家庭关系,夫妻关系代替了曾经的父子关系成为家庭关系的主要轴心,真正实现妇女解放,核心家庭成为了社会中主要的家庭形式。

① 参见[美]阎云翔:《私人生活的变革——一个中国村庄里的爱情、家庭与亲密关系(1949~1999)》,龚小夏译,上海书店出版社2006年版,第239页。

在这个阶段，家庭命运与国家命运休戚相关，家庭建设成功与否直接影响了社会主义国家建设的成败。

4. 当代中国社会家庭价值的新发展

在经济社会巨变的背景下，当代中国的家庭正处于一个外部压力激增而风险应对能力急速下降的失衡状态。我们会经常看到现实生活中，因为财产纠纷导致亲人反目的现象比比皆是，家庭成员的冲突增加，离婚率逐年呈现攀升的态势。（见图4－1、图4－2）

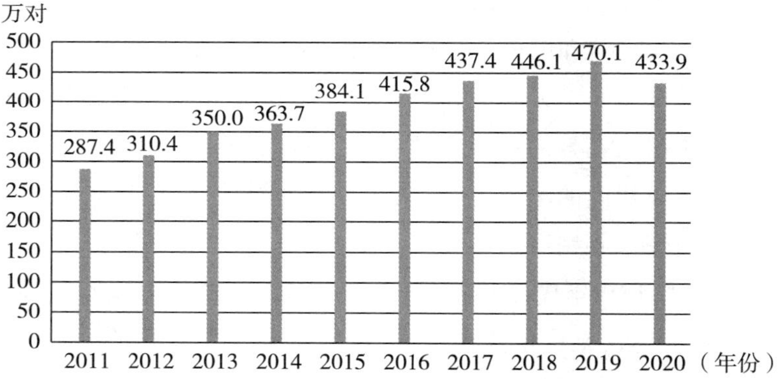

图4－1　2011～2020年我国社会的离婚数量

（数据来源：国家民政部网站公布的2011～2020年每年的社会服务发展统计公报）

图4－2　2011～2020年我国社会的结婚率和离婚率对比

从图4－2所体现的变化趋势来看，离婚数量逐年上涨，反映了我国社会中家庭的稳定性下降。究其原因是：一方面，现代风险社会中，很多原本属于社会或者单位承担的责任都转移到了家庭上，但城市化和工业化却使家庭规模越来越小，这样每个家庭成员所要担负的就业、疾病医疗、住房购买、子女教育、赡养老人等压力越来越大。另一方面，经历了上述社会变革的冲击，传统中国家庭中“孝”的价值观念被动摇了，代际关系被平权关系所取代，个人的权利被强调得更多，但家庭成员彼此之间所负有的义务被忽视。此外，市场经济发展中所提倡的契约自由和消费文化侵入家庭，这样淡化了家庭的伦理和情感色彩，金钱和商业化的意识却融入了家庭的经济关系中，原本以亲情和伦理为基础的家庭关系被理性化和世俗化了，导致了社会中极端实用的个人主义现象滋生。

家庭稳定性下降带来的影响巨大。家庭危机会使私人生活的意义系统被解构掉[①],失去精神上的归宿。家庭成员之间亲情的淡化和家庭伦理精神的瓦解对个人的影响是负面的。如果仅仅依靠个人自觉的伦理和道德感来参与公共社会生活,最终也会导致社会公共秩序的混乱。因此,在当代中国,我们需要重新认识家庭对于个人和国家的重要意义。

一方面,对于个人而言,家庭的核心价值应该是一种幸福生活的存在,家庭的主要功能最终要回归并服务于家庭中的每一个人。现在人们对幸福生活的追求和实现形式、对生活方式的选择呈现多样化的态势。比如现在的家庭形态有多种类型,有传统的由一对父母和未成年子女组成的核心家庭,有一对父母和一对已婚子女或者再加上其他亲属组成的扩展家庭,还有一对父母和多对已婚子女或者再加上其他亲属组成的扩大的联合家庭。还有各种因为同居、丁克等组成的非传统家庭形式。家庭是个体人生观和价值观形成的重要场域,是每一个人迈向公共生活前与社会相联系的纽带。如果人失去了在家庭关系和结构中的定位,也就切断了与家庭伦理和文化相关的意义纽带,成为飘荡而无所依傍的"浮萍",也不可能拥有一个完整意义上的人应该具备的责任和担当。家庭本来是每个人情感的归宿和心灵的港湾,是一个人在社会中生存所依赖的精神资源,甚至是一个人逃离充斥着功利和契约的市场和政府的特殊空间。每一个人需要在家庭中才能找到与他人共有的与这个世界的意义关联,在与家人的交流和分享中进一步认知和完善自身存在的意义。这才应该是中国人的绵延长久的生存哲学和生活智慧。

① 参见陈柏峰:《代际关系变动与老年人自杀——对湖北京山农村的实证研究》,载《社会学研究》2009年第4期。

另一方面，国家对于家庭的认识也逐步回到尊重个人选择，重拾家庭价值，充分发挥家庭在公民个人发展和国家整体秩序中的重要作用。从上文论述中可以看出，在中国古代、近代甚至是新中国成立以后，家庭是为了宗族利益而维护传统和秩序的工具，或者是统治者所需要的维护统治的工具，抑或为了国家目标的实现而倡导的某种社会主流价值体系。但是在这个过程中，作为家庭成员的个体情感没有得到应有的重视。而现在我国婚姻观念已经经历了从传统到现代、从国家到个人、从责任到感情的转向，把家庭作为一种个人生活的选择，一种促进人格完善、获得幸福生活、维护人的尊严的价值体系，给予个人私生活更多的自由。家庭的价值反映了人生的完整阶段，是人存在的完整尺度。① 这样从封闭走向开放、从一元走向多元的演变轨迹，才符合现代文明社会发展趋势。即便国家法律层面对于家庭观念和原则的认定与社会现实暂时存在差异，但二者相互影响、相互作用，在协调中最终会实现价值认识的统一。因为尊重和维护每一个人的尊严，保障每一个人对幸福生活的追求和享有才是国家和每一个公民的共同目标。

（二）宪法上家庭的规模——核心家庭抑或扩展家庭？

宪法规范中的“家庭”范围有多大，主要指核心家庭还是扩展家庭？对此还是要借助社会学科的研究成果，并结合我国法律规范体系来考察。社会学学者们的观点也不一致。家庭的范围和规模有多大，瞿同祖先生认为，家庭是“同居经营共同生活的亲

① 参见张龑：《论我国法律体系中的家与个体自由原则》，载《中外法学》2013 年第 4 期。

属团体”[①]；从规模上来看，家庭的范围较小，通常包括两代或者三代人口，由祖父母、已婚儿子和儿媳，以及未婚孙辈组成。祖父母过世之后，儿子辈分开独过，重新开启一个家庭，这样的话重新开始规模相对更小。费孝通先生认为，中国传统的家庭是一个“扩大的家庭”[②]，因为儿子辈在结婚之后不会与父母分开。他认为中国人的家庭在结构上类似一个氏族，大小家庭在结构原则上是相同的，只是在数量和大小上存在差异。[③] 工业革命之后，为了更好地适应工厂、城市生活，家庭慢慢向核心化发展。小型家庭更适应使用工资购买商品和服务的社会经济环境。随着家庭的小型化，夫妻和未成年子女的活动就成了家庭的全部活动，其他亲属很少与他们居住在一起。

笔者认为，我国宪法对于家庭的保护应该及于扩展家庭，而不是局限在父母和子女构成的核心家庭。从我国法律规范中有关家庭关系的规定来看，首先，宪法文本中规定成年子女对父母的赡养扶助义务，并且在婚姻家庭的保护中规定对于老人的保护，以及“禁止虐待老人”，由此可以推导出家庭应该包括除了父母和子女之外的扩展家庭。其次，根据我国《民法典》“婚姻家庭编”第三章对“家庭关系”的规定，家庭的主体可以看作是具有家庭成员身份的亲属，是在婚姻家庭法上负担权利和义务的近亲属。其中，父母包括生父母、养父母和继父母，子女包括成年子女、未成年子女、婚生子女、非婚生子女，以及被收养的子女。《民法典》“婚姻家庭编”还规定在一定条件下，祖孙之间、兄弟姐妹

① 瞿同祖：《中国法律与中国社会》，中华书局2003年版，第3页。

② 费孝通：《江村经济——中国农民的生活》，江苏人民出版社1986年版，第21页。

③ 参见费孝通：《乡土中国　生育制度》，北京大学出版社1998年版，第39页。

之间也互负扶养义务。

此外,从我国社会现实来看,中国传统的家族血缘关系淡化之后,作为社会组成单位的家庭结构从过去的扩展家庭转变为核心家庭,夫妻关系以及父母和子女之间的关系成了家庭的主轴。再加上计划生育政策于20世纪70年代开始实行,父母和独生子女构成的核心家庭成为主要的家庭形式。但是家庭范围的过度缩小,以及家庭成员数量的减少,并不是对社会关系现状的理性反映。各家庭成员虽然各自组成核心家庭,但是这些家庭之间并没有切断联系。相反,各家庭成员在经济上相互支援,在生活上依然保持相互协助、一起娱乐一起解决问题的关系,在节日以及家庭红白喜事的活动中一同出席以显示他们同属于一个家庭。[①]这种扩展家庭成员之间的团结、互助以及密切联系是亲属关系立法不应该忽视的中国社会现实情况。"如果法律只是将亲情伦理的正当性限制在狭小的亲属范围内,只将亲情伦理的作用限制在扶养(包括抚养、赡养)的层面,偏重于物质、现世而忽视精神、世系,那么法律离实用主义已经不远。"[②]

从域外来看,宪法对于公民家庭权的保护也存在核心家庭(core family)和扩展家庭(extended family)之分。前者将家庭成员限定在父母和子女,后者则扩大至祖父母以及其他家庭成员。美国最高法院在1977年摩尔诉东克利夫兰(Moore v. City of

① 参见郭康健:《社会转变下的家庭》,载刘锡霖主编:《蜕变中的中国家庭》,广角镜出版社有限公司1997年版,第61页。

② 金眉:《我国"亲属"法律概念的变迁探析》,载《江苏社会科学》2017年第1期。

East Cleveland)的案件中①,采用了扩展家庭的观点,确立了保持家庭完整性的权利受到宪法正当程序条款的保护,以维护开放性的家庭结构。② 鲍威尔(Powell)大法官主笔本案的法庭意见。他指出:美国的家庭在传统上范围较大,不限于父母和子女这样的核心家庭成员之间。历史上也存在大家庭的形式。尽管现代社会生活方式发生变化,家庭成员居住得相对分散,这种大家庭的数目不断减少。但是,大家庭形式所积蓄的文明智慧以及内含的凝聚亲情的意义并没有因此而消退。案件中所涉及的法规将所有人的生活方式定义在狭小的家庭结构和范围之中,将每一个家庭的生活形式刻板化和标准化,这是违反宪法的。③ 通过此案,最高法院认定,家庭构成了个人社会生活和私人生活的核心场景,这一场景免受来自政府的不合理干预甚至破坏。法院将维系家庭的完整性作为受到宪法正当程序条款保护的内容,是作为基本权利的隐私权的一个重要方面。如果政府干预家庭生活的安排使得家庭成员无法沟通生活时,这种自由权就会发生作用。④

(三)宪法上家庭的形式

借用社会学学者们的研究,家庭主要有五种类型:(1)单人家庭,即到了法定婚龄的成年人选择不组建两人或多人的家庭,

---

① See Moore v. City of East Cleveland, 431 U.S. 494 (1977). 在该案中,上诉人是一位祖母,她和她的儿子、孙子及外孙住在一起。按该市的条例规定,其外孙因不是本家庭的成员而不应居住在本家庭住所内,而上诉人因允许其外孙与其居住在一起而受到起诉。最高法院推翻了下级法院的判决,宣告该条例无效。

② 参见姚国建:《宪法是如何介入家庭的?——判例法视角下的美国宪法对家庭法的影响及其争拗》,载《比较法研究》2011年第6期。

③ See Moore v. City of East Cleveland, 431 U.S. 494 (1977).

④ 参见[美]阿兰·艾德斯、[美]克里斯托弗·N.梅:《美国宪法:个人权利 案例与解析》,项焱译,商务印书馆2014年版,第105页。

而是独自一人生活；(2)核心家庭，指一对夫妻及其生育或者收养的子女组成的家庭，这是现代社会中最常见的家庭形式；(3)直系家庭，或者称为主干家庭，指成员之间有两代以上关系而且每代只有一对夫妻(含一方已故或者离婚)组成的家庭；(4)复合家庭，指由两对或者两对以上夫妻(含一方已故或者离婚)组成的家庭；(5)残缺家庭，主要指父母均已故而由未婚兄弟姐妹组成的家庭。[①] 除此之外，现实生活中还存在其他类型，包括：单亲家庭，即由于父母离婚或者一方去世而另一方不再结婚，由父亲或者母亲一方抚养未成年子女的家庭；重组家庭，即一方存在再婚情形或者夫妻双方均存在再婚情形的家庭；丁克家庭，收入较高具有抚养能力但是不生育后代，而是享受二人世界的家庭；空巢家庭，即老人独自生活的家庭；断代跨代家庭，即无父母的未婚子女共同居住家庭，以及由实体婚姻产生的其他多人共同居住组合的家庭；同居家庭，即双方不领证结婚但对外以夫妻名义共同生活。

对于家庭的理解，受到多元价值和科技发展的冲击，使得宪法规范与社会现实之间形成一定张力，但是宪法依然保有其持续的生命力，以及回应社会变迁的能力。面对社会变迁以及现代文明国家法治的发展，对于宪法上的家庭定义势必要作出调整。笔者认为，应该基于人权保障的终极价值来保护每个人追求幸福生活的权利，将新近出现的共同生活关系形式全部纳入“家庭”的保护范围中。当然，对于这个问题的回答并不必然是纯粹法理上的讨论，而有各国民情、社会舆论以及国家政策的考量，最终将宪

① 参见王跃生：《十八世纪中国婚姻家庭研究》，法律出版社2000年版，第252页。

法中的各项原则与权利保护，落实在具体的下位法律规范中。通过补充修改既有制度或者创设新制度来回应这些新问题，以充分反映时代精神，并与社会现实相协调，保持宪法的生命力。

（四）婚姻作为现代家庭的形成途径之一

在现代社会，从家庭的形成途径来看，除了传统的婚姻、血缘作为主要基础之外，还出现了非婚同居家庭、收养家庭等新的形式。从社会发展的角度来看，由双亲和他们的孩子组成的所谓“核心家庭”，可能是家庭最为古老的形式，这种形式可以追溯到大约50万年前甚至更早人类的祖先。[①] 还有类似的形式包括：有血缘与亲属关系（包括血统、婚姻或者收养等）的同居共处下，多代同堂的大家庭；也有因为父母离异、死亡或者未婚收养形成的单亲家庭等。如果根据“人所居曰家”的观点，一个人甚至也可以成为一个家庭。如果不以婚姻、血缘亲属关系为前提，其他形式的同居共财，并且有永久共同生活实质的家庭样态越来越多，比如异性同居关系，还有生殖科技发展产生的代理孕母、无性生殖等现象。在不同时代、不同文化中，家庭形式都发生了很大变化，这些都构成了社会变迁的重要组成部分。

这些新的家庭模式在其他国家都有法律基础。《欧洲人权公约》第8条第1项规定了“尊重个人私领域与家庭领域之权利”[②]，这一项的内容被欧洲人权法院诠释为组成家庭的自由。随着欧洲大陆各国身份法制的发展，家庭的形成基础更加多样化。

---

① 参见李震山：《宪法意义下之“家庭权”》，载《中正法学集刊》第16期（2004年）。

② 《欧洲人权公约》第8条第1项。

总之,家庭的建立多数是基于婚姻和血缘关系,还有一些是法律拟制而成。现实中还有很多则是基于感情或者组建家庭合意的多重关系,但并未得到法律的认可。维系家庭的纽带不再仅仅是婚姻,可以是血缘,也可以是共同生活的意愿。家庭是一种关系紧密的私人生活单位,它将其中各成员的私生活与社会公共生活分离开来,这是所有家庭模式都无法缺少的核心功能。所谓亲密关系的自由为特定种类的高度个人化的社会关系提供了一种实质上的手段,从而使之免于受政府的不当干涉。这类关系促进了个人自治的发展,成为个人和国家权力之间的关键缓冲器。[①] 在与他人的亲密交往中,每一个人都会获得情感上的丰富,保持亲密关系的自由保障了个人在界定其身份上的能力,而这一身份正是自由概念的核心所在。[②] 也正因如此,对我国宪法上的“家庭”的解释也应该为容纳新的生活方式预留出空间,“婚姻已经不再等同于家庭”[③],婚姻和非婚形成的共同亲密生活都应该是家庭生活中的重要内容。

二、宪法上婚姻自由与家庭的关系

如前文所述,家庭不再仅以婚姻关系为其唯一的形成基础。因此,宪法上有关家庭的规范内容与婚姻相关的规范内容之间彼此联系,又各有独立的部分。本节分析宪法上有关家庭内容的规范内涵,及其与婚姻自由之间的关系。

现行宪法文本中有关家庭关系的规范蕴含在以下几个条文之中:第 48 条第 1 款规定家庭中男女平等;第 49 条第 1 款规定

---

① See Roberts v. United States Jaycees, 468 U. S. 609, 619 (1984).

② See Roberts v. United States Jaycees, 468 U. S. 609, 619 (1984).

③ Dame Brenda Hale, *The Family Law and Society*: *Cases and Materials*, The Bath Press,2002, p. 33.

国家保护家庭；第49条第3款以一般宪法义务的形式规定父母与子女之间的关系。家庭是社会的细胞，保护家庭有利于社会稳定。1954年宪法中就规定了国家对于家庭的保护。新中国成立之后，作为社会细胞的家庭起了深刻的变化，千千万万过去受到封建礼教、宗教习俗束缚的家庭得到了改造，过去不和睦的家庭转变为民主团结的新家庭。根据许崇德老师的阐述，新中国婚姻家庭关系的主流和特色是：男女平等、婚姻自由、尊老爱幼、夫妻互敬，以实现社会安定、家庭幸福、妇孺安康。[①] 现行宪法中的家庭规范也体现了这样的美好期望。

（一）宪法中的家庭关系——男女平等

从体系解释的角度，《宪法》第48条第1款规定了男女平等。这一条明确列举了妇女权利的几种类型，包括政治权利、经济权利、文化教育权利、社会生活以及家庭生活中的平等权，并且专门强调了在家庭环境中也要坚持男女平等。

中国古代家族中，妇女的地位低于家中的男性，观念层面一般是"儿优于女""夫优于妻""父优于母"。其一，女儿被视为家中的"外人"，只是暂时的家庭成员，无法承担家族传宗接代的任务，无法"养儿防老"，在家长权威下女儿更是可以被交换和交易的客体。比如在继承制度中将女儿排除在外，家谱中"子孙"只包括男性子孙。其二，女子出嫁从父母家转移到夫家，这种改变从礼法上看，是女子从父权统治下转移到夫权统治下，冠以夫姓，身份属于夫家。古代夫妻关系奉行"夫为妻纲"，丈夫集夫权、父权和家长权于一身，夫妻之间是统治与被统治的关系，夫为尊长，

---

① 参见许崇德：《中华人民共和国宪法史》，福建人民出版社2003年版，第392页。

妻为卑幼。男主外女主内的家庭分工更加剧了女性从属于男性的固定结构。其三,古代家庭中父亲相对于母亲在地位上更具有优越性。夫亡之后,妻有从子之说。虽然因为孝道,母亲可以获得子对母的孝敬,但中国经典中与“子孝”相提并论的是“父慈”,强调的主要是父亲的地位和权利。比如习惯性做法是,确立父亲和子女的关系后,子女随父姓;在确定父母与子女关系上,父亲与子女的关系被认为是需要通过法律拟制来建立的,因此需要婚生推定、认领、婚生否认之诉等制度来建立或者否定父亲与子女之间的亲子关系,但是母亲与子女之间的关系,则被认为是一种自然的生物性事实。

现代性别观念坚持男女平等,也体现在上述三层关系内部地位的转变之中。首先,女儿和儿子在家庭事务方面享有相同的权利,承担相同的义务,比如继承、被抚养和不可被买卖的权利,以及尽孝道、赡养父母的义务。其次,夫妻享有同等的权利,承担相同的义务,在家庭中地位平等,夫妻互爱互敬、互相帮助、和睦团结。最后,父亲和母亲对子女平等地履行教育抚养义务,成年子女在履行赡养扶助义务时也需要平等对待其父亲和母亲。还需要注意的是,在古代社会中,承担孝道义务的主要是男性子孙以及他们的配偶,享受孝道的主要权利人则是男方的尊长。如今,男女平等理念的关照下,并且在女性地位不断提高的现代社会,赡养扶助所体现的“孝”不应该仅仅指向男方尊长,孝道的享有人也要扩大至女方。此外,由于夫妻关系成为现代家庭的主要内容,妻子摆脱了对丈夫的从属地位,那么对于另一方父母的赡养扶助义务就没有了从前依附时代的当然,直系姻亲之间的权利义务关系更需要在法律上的具体规定。[①] 此外,在男女平等方面还需要从追求形式平等转向结果平等。比如,我国原《婚姻法》(现规定在《民法典》"婚姻家庭编"中)加强了对离婚妇女利益的保护,如果一方在家事劳动中付出更多时间和精力,抚育和照料子女、协助配偶工作等,那么离婚时可以从另一方获得补偿。

因此,宪法上规定男女在家庭中的平等不是为了从性别上去区隔婚姻关系中双方主体的性别相异性,而是实现从"儿优于女"到"子女"、从"夫优于妻"到"配偶"、从"父优于母"到"父母"的转变,从而消除古代婚姻家庭法规范体系中性别不平等的配置和差别待遇,进而形成性别中立的家庭关系结构。[②]

(二)宪法中的家庭关系——"父母之慈子女之孝"

1. 对"父母有抚养教育未成年子女的义务"的解释

现实家庭中的主要成员是父母和子女,我国《宪法》第 49 条第 3 款规定了父母与子女之间的关系。从域外的法治实践来看,《德国基本法》第 6 条第 2 款的规定明确了是父母有抚养教育子女的自然权利,这同时也是父母要对子女履行的至高义务,其行使和履行都应该受到国家的监督。德国学者一般运用亲权理论来理解该规定。首先,亲权是个人的权利,父母双方都可以平等行使。其次,亲权具有防御权的功能,防止国家干预父母合法的抚养教育子女的行为。再次,亲权是义务性的权利,因为父母行

---

① 参见金眉:《婚姻家庭立法的同一性原理——以婚姻家庭理念、形态与财产法律结构为中心》,载《法学研究》2017 年第 4 期。

② 参见陈昭如:《"重组"家庭——从父系家庭到中性的新伙伴关系?》,载苏永钦主编:《部门宪法》,台北,元照出版有限公司 2006 年版,第 818 ~824 页。

使该权利是从子女的最佳利益出发,并非为自己利益而行使[①],而是为子女幸福提供引导和前提性的条件,是一种保护和造福子女的权利。最后,亲权具有一定界限,需要国家来监督父母对于亲权的行使,父母不得滥用亲权。[②] 这样的理解对于我国《宪法》第 49 条第 3 款的解释具有一定的借鉴意义。

我国《宪法》第 49 条第 3 款中的“父母”应该做扩大解释,不仅包括具有血缘关系的生父母,还包括继父母、养父母。同时还需要面对科技发展中出现的新情况,比如各种形式的辅助生殖。在这些情况中,所生育的孩子与产妇未必具有血缘关系,传统对于“父母”的定义需要结合新情况重新思考,并在法律中予以明确。比如《德国民法典》对母亲一词的内涵重新进行了定义,将“母亲”限定为生产子女的妇女。由此,生产行为代替了基因成为确定母亲身份的因素,即使产妇与所生育之人没有血缘、基因上的关系,也无碍其母亲身份的认定。[③] “子女”应该包括具有血缘关系的亲生子女,还有继子女、收养的子女,非婚生子女与婚生子女享有同等的权利。

“抚养”是指“爱护并教养”[④]。婴幼儿在出生之后的很多年里,都不能够依靠其自身实现生理的基本需要。如果社会需要新的一代符合种族“继承人”的要求并存活下来,就必须确定一定

---

① 参见董保城:《教育法与大学自由》,台北,元照出版有限公司 1997 年版,第 226 页。

② 参见王锴:《婚姻、家庭的宪法保障——以我国宪法第 49 条为中心》,载《法学评论》2013 年第 2 期。

③ 参见王海南:《德国新亲子法关于血缘关系之规定》,载《黄宗乐教授六秩祝贺——家族法学篇》,台北,学林文化事业有限公司 2002 年版,第 88 页。

④ 中国社会科学院语言研究所词典编辑室编:《现代汉语词典》,商务印书馆 2017 年版,第 404 页。

的人来照顾儿童成长。因此为了社会的整体利益,需要年轻的生命存活下来,促进其身体和性格的发展,需要设定道德和法律的规则来强迫人们承担照顾年幼儿童的责任。因为天然血缘的联络,父母是承担抚养儿童责任的最佳人选,他们把新生命带到这个世界,是最早接触新生命的人。父母对其生育子女的护理、照顾以及在感情、精力上的投入,有利于双方相互关系的维护和发展。

"教育"是指"按一定要求培养","用道理说服人照着规则、指示或要求等来做"。[①] 换言之,就是有目的有计划有组织地对受教育者的身份发展进行教化培育,以增长其能力经验,使其获得相对成熟或者理性的意识和思维。接受教育是一种学习的过程,已经成为现代人生存和完善的基本需求。从有利于国家和社会发展的角度来讲,未成年人接受教育从历史上一种习惯性的做法转换成了现代社会中的一项兼具公法和私法性质的权利。其私法性质体现在民法典、未成年人保护法中,公法性质则体现在教育法、义务教育法的相关规定中。宪法上规定的父母对于未成年子女的教育义务,包括自己对未成年子女的家庭教育以及参与其学校教育。在家庭中,父母可以根据其世界观、价值观和宗教信仰,自行决定家庭教育的方式和内容,对未成年进行培养和引导。在学校教育方面,父母首先要将子女送往学校,为其提供学费、安排学校或教师的义务,可以选择教育场所、参与学校教育

---

① 中国社会科学院语言研究所词典编辑室编:《现代汉语词典》,商务印书馆2017年版,第660页。

等。[①] 因此义务教育法就规定监护人应该送子女入学接受义务教育。[②] 从这个角度来讲，受教育既是权利又是义务，未成年人受教育的义务主体既包括未成年人本人，也包括其父母或者监护人。父母或者监护人对未成年子女进行抚养教育，并不是为自己选择生活方式，而是在为未成年子女选择生活方式，并且是为了子女的最佳利益，不能将自己的选择强加给子女，因为未成年子女是具有独立人格和意识的公民，不是父母的附属物，只是因为他们尚且年幼，不具有辨别和选择能力，需要有法定监护人（多数情况下是父母）对其履行监护的职责。

有学者直接运用亲权理论来解释"父母有抚养教育未成年子女的义务"这一句的内容[③]，笔者认为该解释路径需要商榷，原因如下：其一，亲权源于古罗马法中的家父权，其原初目的在于维护家父对子女的完全支配，以巩固家父的最高地位。[④] 近现代一些国家在其民法典中沿用了亲权这一表述，淡化了其支配权属性，立法目的也转为保护未成年子女的利益。在我国《民法典》编纂的讨论过程中，曾有学者建议引入亲权制度来设定父母权利，但也有学者提出我国家庭立法中从未使用过亲权概念，并质疑其天

---

① 父母对于教育场所的选择，包括学校选择权和学校类型的选择权，以及在家教育选择权。参见王锴：《婚姻、家庭的宪法保障——以我国宪法第 49 条为中心》，载《法学评论》2013 年第 2 期。

② 参见《中华人民共和国义务教育法》第 11 条第 1 款规定：凡年满六周岁的儿童，其父母或者其他法定监护人应当送其入学接受并完成义务教育；条件不具备的地区的儿童，可以推迟到七周岁。

③ 参见王锴：《婚姻、家庭的宪法保障——以我国宪法第 49 条为中心》，载《法学评论》2013 年第 2 期。文章认为，亲权是基于父母和子女之间的血缘关系而产生的，从保护人性尊严的角度，并联系第 49 条第 3 款，可以推出我国宪法保护亲权。

④ 参见[德]迪特尔·施瓦布：《德国家庭法》，王葆莳译，法律出版社 2010 年版，第 257 页。

然带有父母权威的意蕴,与儿童利益最大化的原则相违背。国外的立法正在逐渐抛弃并淡化其原初含义,因而不必要也不适合将此引入我国的亲子关系立法中。[①] 我国宪法中的规定强调的是父母对于子女具有抚助供养和生活照料义务,使其达到某种知识状态并成为成熟理性之人。这是基于父母与子女之间的身份关系而由宪法明确规定的义务,强调父母对此的责任和义务面向,并非侧重于父母对子女的管理权或子女对父母的服从,更不具有亲权原初意义上的支配权色彩。[②] 其二,亲权是一种民事权利,是一种身份权,是父母基于其身份依照法律规定而产生的权利。现代各国多在民法典中以明示方式赋予父母保护教养子女的权利,如《日本民法典》规定,未成年子女要服从父母的亲权,亲权人还同时负有保护、教养子女的义务。以民事法律确认的身份权来解释一般宪法义务,有以法律来诠释宪法内容之嫌。其三,我国历部《婚姻法》以及现在的《民法典》"婚姻家庭编"都没有采用亲权概念,而是具体规定父母对未成年子女有何种权利和义务,当然这些规定实际上就是亲权的原则性内容。《中华人民共和国民法总则》(以及曾经的《中华人民共和国民法通则》)则选择了监护的概念,也明确了父母对于子女的监护与其他人、有关组织对未成年人的监护的区别。从立法技术上来看,亲权和监护被强行合并,使得民法学界对于我国究竟应该采取何种建制存在较大争论和分歧。在这种情况下,更不宜得出"我国宪法应保护亲权"的结论,有可能影响法律体系内部的一致性。其四,在我国民

---

① 参见夏吟兰:《民法典未成年人监护立法体例辩思》,载《法学家》2018 年第 4 期。

② 参见邓静秋:《厘清与重构:宪法家庭条款的规范内涵》,载《苏州大学学报(法学版)》2021 年第 2 期。

法规范体系中已有监护制度的条件下，尽管亲权与监护有一定的差异[①]，但是二者都是维护未成年子女利益的途径和手段，是实现《宪法》第49条第3款规定的具体制度设计。国家更关注未成年人的照管和保护，未成年人有权受到特别照料和协助，在父母营造的幸福、谅解和温馨的家庭气氛中成长，更多应该强调父母对此的责任，这样更有利于保护未成年人的权益。即便是父母代未成年人作出的选择，也需要符合成熟理性之人的普遍共识，符合国家整体的价值导向和宏观教育体制的秩序。

2.“成年子女有赡养扶助父母的义务”的解释

从词语含义来分析《宪法》第49条第3款，“赡养”主要指成年子女对父母经济上的供养，“扶助”则强调提供生活上的照顾和帮助。《中华人民共和国老年人权益保障法》（以下简称《老年人权益保障法》）采用的赡养概念，还包括精神上的慰藉。《老年人权益保障法》是对宪法原则性规定的具体落实。2012年该法律新增规定，将“常回家看看”入法。这算是更为具体的规范，但只是要求子女“应当”而不是“必须”经常看望或者问候父母，与其说是对子女行为予以规制，不如说是对应该如何行为做了提倡。[②]

这一规定体现了中国人独有的“孝”文化。在古代中国，

---

① 从立法目的上来看，监护制度对监护人的要求比亲权制度对侵权人的要求更加严格。亲权渊源于罗马法上的“家父权”。亲权制度的发展，从无上的父母对子女的绝对支配权，到今天作为履行义务而伴随的不再具有身份特权的权利。最初的亲权作为父母对子女的特权已不再适用，现代意义的亲权成为法律要求父母培养、教育和保护未成年子女的责任。参见蒋月：《婚姻家庭法前沿导论》，法律出版社2016年版，第414～428页。

② 参见伊涛：《家庭伦理的儒学内涵与权利的备选位置》，载《法制与社会发展》2014年第3期。

“孝”甚至是一个法律概念，统治者综合运用了道德、礼教和法律等各种手段来落实，通过意识形态上的高压和法律上的强制来保障施行。违反“孝”的规定，就是违反了封建统治下的立国之本。[①] 正是因为“孝”的封建色彩，它在近代化的过程中也被推崇西方个人主义的知识分子猛烈批判。但是中国人在内心深处并没有抛弃孝道内存的意蕴，并且在日常生活中自觉奉行着“孝”文化。我国在宪法中规定了成年子女对于父母的赡养扶助义务，无疑是肯定了我国传统中孝道的文化精神。共同体的价值体系具有一定的延续性，“孝”作为传统文化的一部分，是中国人超越了阶层、性别、年龄而具有普遍意义的生活哲学，其蕴含着丰富的共通资源可以整合传统与现代的基本价值。

我国宪法和法律没有沿用孝道这样的传统话语，而是将父母和子女之间的关系，规定为抚养与赡养的关系。宪法将“孝”予以规范化，将之作为公民的一般宪法义务。传统意义上的“孝”需要经过改造，才能与现代法治相融合。现行宪法所确认的“孝”的价值必然与古代的“孝”存在区别，它加入了长辈与晚辈之间彼此人格独立，但又相互尊重的因素，淡化了传统代际关系中非现世部分的色彩和长辈身份的神圣性[②]，以保障每一个个体，无论年龄和在家庭中扮演的角色有何差别，都可以追求和享有幸福而有尊严的生活。宪法对于未成年子女强调权利，对成年子女更强调义务，体现了每一个个体在人生不同阶段上在权利义

---

① 参见李拥军：《“孝”的法治难题及其理论破解》，载《学习与探索》2013年第10期。

② 参见黄娟：《社区孝道的再生产：话语与实践》，社会科学文献出版社2011年版，第230页。

务上的转换[①],共同构成了父母—子女这一主要家庭成员关系的循环往复,也是中国传统文化中回报父母养育之恩和尊老爱老的朴素价值观体现。

(三)《宪法》第 49 条第 3 款的规范地位和功能

根据许崇德老师的回忆,《宪法》第 49 条在草拟的过程中,当时的报纸报道了社会上很多家庭内部存在矛盾的事例。比如,夫妻解除婚姻关系之后,双方都不抚养孩子,未成年子女因为父母离婚而陷入生活困境。又比如另一个典型事例,一位老妇有 3 个儿子,本应不愁养老问题,但是这 3 个儿子都不赡养老人,还虐待老人,最终导致这位老妇悬梁自尽,酿成令世人难以接受的悲剧。这样的家庭悲剧在当时还有很多。针对这些情况,宪法修改委员会的成员们一致认为宪法必须对家庭关系加以规范,明确家庭成员之间对于彼此最起码的义务。在这样的背景下,根据委员们的要求,宪法修改委员会在《宪法》第 49 条中增加了第 3 款和第 4 款后半句的内容。此类条款不仅对宪法来说是很好的规范,而且具有浓厚的社会主义道德气息。[②] 从这个角度来看,制宪者并不是想要赋予父母针对未成年子女所享有的某项权利,而是强化父母对子女的成长所承担的照顾义务。从某种角度来说,这也是家庭基于其所具有的教育功能而对国家人口教育任务的分担。

该规定体现了制宪者为了维护和谐家庭关系的目标,将家庭成员之间的道德义务规定为一般宪法义务,将中国自古以来以“父母之慈子女之孝”为精神内核的家文化提升至以根本法和最

---

① 参见张龑:《论我国法律体系中的家与个体自由原则》,载《中外法学》2013 年第 4 期。

② 参见许崇德:《中华人民共和国宪法史》,福建人民出版社 2003 年版,第 807 页。

高法来维护的传统价值，赋予该项义务以规范性，要求父母必须要承担对其子女的教育和抚养义务。古代社会的家以家长为本位，宪法中的家以个体成员为本位，这是宪法的自由价值向家庭伦理的渗透。[①] 在古代社会，父母是否养育子女、是否送其上学读书，只是道义上的权利义务，与法律无关，古代社会法律不介入这样私领域的问题。在小农经济的社会中，人们主要依靠简单的技术维持生存，而且主要的人身依附关系使得父母可以决定家庭中的一切事项。近代社会，工业文明快速发展，每一个人都必须接受一定的教育训练，获得一定技能才能生存。因此接受教育就从少数人的特权转化为普通的公民权利而得到法律的确认和保护。每一人在其生命之初都会从抚养他的人那里汲取道德原则，形成对自身、家庭、社会和世界的认知和观念，其中“不仅有前辈的气质，还有其观念内容和经验的记忆痕迹”。[②] 宪法的规定将这种“父母之爱”塑造成社会基本价值之一，使国家未来的主要力量在成长过程中获得必要的保护和协助，从而实现一个有尊严的人应有的生活愿景。

第 49 条第 3 款的宪法义务规定不同于宪法文本中的其他基本义务，而是一般宪法义务。对于这样具有浓厚道德和伦理色彩的一般宪法义务条款，可以对比基本义务条款的内容来理解其规范地位和规范功能。

世界上最早在文本中规定父母对子女的教养义务是 1919 年《德国魏玛宪法》第 120 条，并且明确国家应该监督父母对于该

---

① 参见刘连泰：《家庭与公共生活：中国宪法文本的表达》，载《浙江学刊》2020 年第 5 期。

② 参见[美]赫伯特·马尔库塞：《爱欲与文明——对弗洛伊德思想的哲学探讨》，黄勇、薛民译，上海译文出版社 1987 年版，第 37 页。

义务的履行。理解德国魏玛宪法中对于义务性的规定应该将其置于“社会国家”的理念中进行。多种社会化的思潮批判了个人主义带来的弊端,这些都影响了参与制定德国魏玛宪法的不同政党的政治主张,最终形成了不同主张妥协物的德国魏玛宪法。该部宪法中明确规定了“基本义务清单”的内容,包括兵役、纳税、父母对子女的教育义务、担任名誉职位的义务、受教育义务、财产权的社会义务。这些义务涉及经济、社会、文化等多个领域[①],体现了“受社会拘束之自由”的思想,并最终形成社会国家的理念。[②] 但是,整个魏玛时代,立法绝对主义和法律实证主义具有强大影响,基本权利和义务条款仅对立法机关产生指示和纲领的作用[③],没有规范效力,所有内容都需要由立法者具体形成。因此,这种有关义务内容的规定只具有道德效力或者教化功能。战后《德国基本法》第 6 条保留了上述规定,并且该规定在《德国基本法》第 3 条的保障下具有了实效性。

在我国宪法文本中,第 52 条之后是有关公民基本义务的规定,包括兵役、纳税、维护国家的安全等内容,是为了构建、维持国家作为共同体的存在和延续而要求公民必须履行的义务,这些义务所指向的受益者是作为主权实体的国家,关系着国家存在的基础和政治共同体所有成员的生存。公民的基本义务是每一个个体对国家必须负担的责任,更是维持个人生存、实现个人自由的

---

① 参见[加]大卫·戴岑豪斯:《合法性与正当性:魏玛时代的施米特、凯尔森与海勒》,刘毅译,商务印书馆 2013 年版,第 25 页。

② 参见[德]英格沃·埃布森:《德国〈基本法〉中的社会国家原则》,喻文光译,载《法学家》2012 年第 1 期。

③ 参见张翔:《基本权利的双重性质》,载《法学研究》2005 年第 3 期。

基本前提。[1] 换句话说，此类基本义务以公民为义务主体，主权国家为义务指向的受益主体，该对关系的双方是公民个人—主权国家，义务履行的目的在于建构和维持主权国家的存在和延续。这并非是公民对于共同体的奉献和牺牲，因为共同体的建构和维系最终以内部每一个成员的受益为目标，比如忠诚服从义务强调的是公民的政治认同感，纳税义务最终是"取之于民，用之于民"，兵役义务所形成的武装力量最终也是为了保卫人民的生命财产不受损失和祖国的领土不受侵犯。

相比上述基本义务，《宪法》第 49 条第 3 款中的规定虽然也对公民素质完善、生活提高，以及对国家存续和社会秩序的稳定起着越来越重要的作用，但是其直接指向的受益对象不是国家，并非直接关系到主权国家本身的存续，而是由国家基于人权保障和未来发展理念而向公民的征课，目的在于保障每一个人获得有尊严的理想生活，实现"免于匮乏的自由"。[2] 所以这项义务涉及个人人格的发展、人与人的共同生活，以及国家政策，因此义务主体特定而具体，就是未成年子女的父母和成年子女，而非笼统的公民。因此，对《宪法》第 49 条第 3 款中义务规范的理解应该与《宪法》第 52 条之后规定的公民的基本义务区别开来，明确其不具有基本义务的规范地位。一般宪法义务并不存在于国家产生前，也不是与国家相伴而生，而是由宪法来创设其规范内容和价值意涵，是国家为了实现其发展目标而要求公民必须履行的责任，以此来创设社会共同体中每一个人得以有尊严的生活和发展的环境。

---

① 参见王晖：《法律中的团结观与基本义务》，载《清华法学》2015 年第 3 期。

② 参见韩大元主编：《比较宪法学》，高等教育出版社 2008 年版，第 288 ~ 289 页。

综上所述，笔者认为，对于宪法中的义务规范要从规范的内容、价值和地位等方面进行类型化的区别处理。

第一，宪法中有关公民义务的规范，从内容上进行区分，包括指向主权国家、为了国家这一政治共同体的存续而课以公民的基本义务，以及为了保障公民有尊严的生活而要求其履行某具体责任的一般宪法义务。宪法文本第52条到第56条，规定了我国公民要向国家履行的基本义务。从内容上来看，这些基本义务伴随国家而生，是国家成立和存在的基础，维持其最基本的运行。[①]一般宪法义务在我国宪法文本中主要包括第42条劳动的义务，第46条受教育的义务，第49条计划生育的义务、父母和成年子女的义务。这些义务的内容与国家的诞生、建构和存续之间并不存在紧密的联系。从德国魏玛宪法开始，这些内容开始出现在宪法中，是社会国家的产物，与社会权有着紧密的联系。

第二，从价值上来看，公民的基本义务所涵盖的维护国家统一、服兵役、纳税等义务关系着主权国家的存在与维系，以国家认同和集体价值为基础，体现了政治共同体中的成员团结一致，为共同体牺牲奉献的血脉联系，以及对共同体整体价值和公民责任的关切。一般宪法义务则更多体现了每一个人的社会属性，在国家干预社会的背景下，基于社会国家的理念向每一个公民课以的责任，使每一个公民在与其他社会成员的相互关联和责任履行中实现人格的发展和完善，维护个人的尊严，保障其"免于匮乏的自由"[②]，一般宪法义务的履行还需要国家配合建立具体的制度并

---

① 参见郑贤君：《基本义务的双重性与司法审查》，载《首都师范大学学报（社会科学版）》2017年第4期。

② 韩大元主编：《比较宪法学》，高等教育出版社2008年版，第289页。

提供服务,使公民生活可以享有最起码的尊严。[①]

第三,从国家在义务履行中的角色来看,公民的基本义务不以国家的积极作为为前提条件,即不需要国家在公民履行某项基本义务的同时来提供条件以帮助其基本义务的履行,比如纳税、服兵役、对国家的忠诚义务等都是公民单方面的付出。而一般宪法义务的履行则需要国家的积极介入,公民履行该项义务的同时,需要国家提供各种条件,以国家给付为前提。比如,教育本来属于公民个人的私领域,国家将教育纳入公共事务范围,并向公民课以接受教育的义务后,需要设立各项教育设施和机构,作为公民履行该项义务的前提。既然公民享受国家的该项给付,就需要实施一定行为,以履行义务。[②]

第四,从规范地位上来讲,基本义务和基本权利一样,是各自独立的范畴。制宪者所设定的基本义务,在逻辑上和基本权利处于平行状态,具有独立的规范地位。既然它们都处于宪法位阶,彼此之间冲突的只能加以"调和",而不能认为某项基本义务当然构成对另一特定基本权利的限制,从而否定其独立的规范地位。对于一般宪法义务而言,则可以借助上述基本权利的视角来看待,它和基本义务不一样,在宪法上不具有独立的价值地位。其规定由宪法来创设,具体范围和内容由法律进行具体说明,效力来自实在法的规定。[③] 根据一般宪法义务的具体规定,它一般是要求公民在行使某项权利的时候,该积极的行使行为同时具有

① 参见陈新民:《宪法学导论》,台北,三民书局股份有限公司 1995 年版,第 171 页。

② 参见郑贤君:《公民受教育义务之宪法属性》,载《华东政法学院学报》2006 年第 2 期。

③ 参见王晖:《法律中的团结观与基本义务》,载《清华法学》2015 年第 3 期。

义务履行的性质,或者需要同时以积极作为的方式来履行某一具体义务。从这个角度来讲,一般宪法义务是在以积极的方式为基本权利划定边界,属于基本权利的范畴。可以将一般宪法义务视为基本权利限制的一种特殊情形,因为除了履行容忍义务,它还要求公民个人积极作出特定行为。

(四)一般宪法义务与婚姻自由的关系

上述一般宪法义务是课予家庭环境中作为父母和子女角色的家庭成员彼此之间应该承担的责任。这些义务性的表述被提升至宪法层面,以期待借助宪法效力的最高性,以及宪法复杂的修改程序将国家对于社会的塑造与干预予以稳定化。① 如果要从体系上来看待家庭成员之间的关系(这里主要是父母对未成年子女的教养义务)与本书所论述的婚姻自由的关联,笔者认为应该从两个方面来看待:一方面,该项义务是父母双方在结婚—婚姻存续期间—离婚整个过程中都需要履行的责任,是对作为父母的双方个体行使婚姻自由的限制;另一方面,现实中多数家庭依然通过婚姻而形成,宪法明确各家庭成员之间的权利义务关系,履行国家对家庭整体以及家庭成员的保护义务,当然也是对作为基础关系的婚姻的保护。

1.“父母有抚养教育未成年子女的义务”对婚姻自由的限制

“父母有抚养教育未成年子女的义务”是一般宪法义务,要求父母以积极行为来履行,该义务的指向对象是其未成年子女。无论这里的“父母”之间有无婚姻关系,也无论“父母”对于各自所处的婚姻关系作出何种变化性的安排,比如离婚、再婚等,都要

① 参见[德]卡尔·施米特:《宪法学说》,刘锋译,上海人民出版社2016年版,第19~20页。

履行这一义务。这是以一般宪法义务对婚姻自由进行限制的一种特殊情形。比如,离婚的夫妻双方如果有未成年子女,法院会根据符合子女最佳利益的原则来裁判未成年子女的监护权归属;如果不违反子女的最佳利益,应该尊重父亲或者母亲一方对于子女的探望权;对于有表达意见能力的未成年子女,应该保证其就本人一切事物拥有意见表达的权利,应该视其年龄与成熟度对其意见作适当对待。[①]

父母对于其婚姻关系的处理决定必须要考虑到是否对身心发展相对脆弱的儿童产生不良的影响。《儿童权利公约》[②]指出,儿童应该在家庭的环境中,在幸福、爱抚和理解的气氛之中得到成长和发展。[③] 配偶双方在婚姻关系的存续过程中,对于婚姻、家庭事务的处理,都需要以未成年子女的利益为优先考虑。这是未成年子女的抚养教育义务对于婚姻存续过程的限制。当父母之间的关系处于极度不和谐的状态中,离婚成为唯一的选择时,未成年子女是无助的,此时他们的人生发展走向可能会受到父母关系的影响。因此对于有子女的夫妻的离婚自由,应该受到来自子女利益的限制。国外的离婚法律中设置了保护儿童利益的条款作为离婚的抗辩理由。比如《法国民法典》第 240 条规定,如一方配偶能够证明,鉴于其本人的年龄与结婚时间,离婚对其本人与子女在精神上与物质上均会引起极为严重的后果,法官得驳

① 参见简良育:《离婚法制沿革及国际发展趋势之研究》,载《月旦法学杂志》总第 175 卷(2009 年)。

② 《儿童权利公约》将“儿童”界定为 18 周岁以下的公民。

③ 参见《儿童权利公约》第 3 条第 2 款规定:“缔约国应该承担确保儿童享有其幸福所必需的保护和照顾,考虑到其父母、法定监护人、或者任何对其负有法律责任的个人的权利和义务,并为此采取一切适当的立法和行政措施。”

回离婚申请。1996 年修订的《英国家庭法》规定的阻却离婚的情形之一就是婚姻解除将给另一方当事人或者子女造成巨大的物质上或者其他方面的损害。

从体系解释的角度，家庭受到国家保护。国家应该对家庭提供协助，再以家庭为媒介，提供国家对于儿童的照顾、保护以及培养，使其在和平、尊严、宽容、平等以及和谐的环境中得到抚育和成长。前文中论述已提及国外法院在审判中存在特殊情形，会考量未成年子女利益，因其年龄的不同与人格特质等因素，即便有婚姻的破裂，法院也有权不准予离婚，或者由法院积极协助当事人提出符合未成年子女利益的离婚后亲权行使与照护计划。这些都是国家通过对婚姻自由的限制，以平衡并保护儿童利益的做法。

2. 国家通过一般宪法义务对婚姻的保护

国家保护婚姻，以及随之而形成的家庭，既要确保其整体的完整和享有国家提供的有利条件，更重要的还是要回归到家庭中的每一个人。通过保护家庭的整体，而让其中的每一个个人获得幸福美好的生活，个人不是家庭繁荣的手段和工具，相反，家庭实体是为了个人幸福而存在的。国家除了直接供给，也鼓励家庭成员之间的彼此扶持。宪法和具体法律的规定，形塑了婚姻与家庭成员之间的相互组织关系。比如，扶养义务从传统的伦理、道德义务，经由宪法规范的确认转变成为一般宪法义务，再由立法机关制定法律将这一规定的范围、内容和效力予以具体化，形成明确的法律义务与请求权规范体系，并通过司法机关确保最后的强制执行力，以此来发挥其规范效力。

国家对于婚姻、家庭的保护是辅助、补充性的。在立法上，国内外都以一定亲属间的私法上扶养义务为优先，再由国家来承担补充性的扶助责任。民法上的扶养制度就一定亲属间有经济能力者,对于不能维持生活之人,课予必要的经济上供给的法律义务。婚姻家庭法上所设定的扶养义务,是基于独立人格的观念,家属或者亲属具有财产能力。因此扶养的权利义务并非片面,而是彼此相互间都可以主张,以期一定近亲或者同居家属相互间可以彼此协助,维持生活。如果未成年子女的权利遭到侵害,国家必然介入,对弱势的一方进行救助,迫使其父母积极采取行动帮助未成年子女实现权利。比如,受教育的权利是公民的基本权利,相对应的义务主体包括国家,还有公民的父母。国家承担义务的方式除了自己履行以外,还有监督父母对其责任的履行,介入和调整原先本属于家庭私领域的问题,即国家承担对未成年人受教育权的保护义务。①

国家的这种补充性角色不仅体现在立法中,司法中的强制介入也是一种消极的补充角色,比如在司法救济上的不告不理。也就是说,婚姻法上的扶养义务虽然有强制力,但是其履行方式以及履行程度在原则上由家庭成员自主决定。这符合现代国家对于私人、家庭自主自治的尊重,国家的介入仅具有协助的性质而已。如果未遵守国家补充性的原则,径自介入婚姻、家庭事务中的私人自主形成者,则将变动一直以来的婚姻家庭的基本架构与组织体系,婚姻与家庭自主的社会功能以及人格自由将会受到贬损,这无疑违反了制度性保障对于婚姻、家庭的核心不可贬损的强调。②

---

① 参见王晖:《法律中的团结观与基本义务》,载《清华法学》2015 年第 3 期。

② 参见黄士洲:《扶养亲属免税额的列报与婚姻、家庭的制度性保障》,载《行政法实务与理论(二)》2006 年第 11 期。

法律与道德规范存在区别，当然无法完全涵盖父母和子女之间的关切和情感。但是法律在保持和谐稳定的家庭关系方面也并非苍白无力，婚姻家庭法的制定即是证明。在家庭成员的关系方面，法律采取一种引导的方式来确定成员之间的相处模式，并使温情与关爱流淌其中，还从反面明确了禁止的行为类型。比如宪法对于家庭中各主体之间权利义务关系的原则性规定，以及婚姻法的具体规定。法律包括了一些禁止性的规定，预防或者惩罚家庭成员之间的相互伤害的行为，比如虐待、遗弃、家庭暴力等行为，这些都是为普通人的自然情感与法律制度所排斥的。

三、宪法上婚姻自由与保护特定家庭成员的关系

《宪法》第 49 条第 1 款和第 4 款后半句的内容，涉及了多个主体，包括母亲、儿童、老人、妇女。第 1 款的规定延续了苏联时期宪法内容的影响。在苏联以及独立后的各共和国，部分离婚后独居的老年妇女和男子生活困难。在苏联时期的宪法中，就有“家庭、儿童、母亲和父亲受国家保护”的规定，独立后各共和国宪法中继续保留这一规定。[1] 这一规定也集中体现了社会公正和社会福利的理念，为社会权的实现提供了重要的规范依据。（见表 4－1）

表 4－1　苏联解体后各原主要成员国宪法中保护特定家庭成员的条款

国家	规定
俄罗斯	第 38 条第 1 款规定：“母亲、儿童和家庭受国家保护。”

① 参见《世界各国宪法》编辑委员会编译：《世界各国宪法（欧洲卷）》，中国检察出版社 2012 年版，第 672 页。

续表

国家	规定
乌克兰	第51条第3款规定:“家庭、儿童、母亲和父亲受国家保护。”
白俄罗斯	第32条第1款规定:“婚姻、家庭、母亲、父亲和儿童受国家保护。”
爱沙尼亚	第27条第2款规定:“法律规定保护父母和子女。家庭有关心要帮助的家庭成员的义务。”
拉脱维亚	第110条第1款规定:“国家保障和维护父母与儿童的权利。国家对残疾儿童、失去父母抚养或遭受虐待的儿童给予特别帮助。”
立陶宛	第38条第2款规定:“国家保护和关心家庭、母亲、父亲和儿童。”
格鲁吉亚	第36条第3款规定:“母亲和儿童的权利受法律保护。”
亚美尼亚	第35条第3款规定:“禁止以与履行母亲职责相关的原因解雇女职工。每一个劳动妇女在怀孕和分娩期间,都有享受带薪产假和哺育新生儿休假的权利,或者享受收养子女休假的权利。”
阿塞拜疆	第34条第3款规定:“母亲、父亲、儿童受法律的保护。”
哈萨克斯坦	第27条第1款规定:“婚姻、家庭、母亲、父亲和儿童受国家保护。”

(一)特定家庭成员的宪法界定

对于第1款的理解,一般会认为是宪法对于弱势群体的特殊保护。有学者认为,根据我国宪法上的规定,家庭制度的核心就是对弱势家庭成员的特别保护,为此给国家设定保护弱势者的义务,给相对强势的群体则施加相对多的义务。具体到一个家庭中,父母之间相比,母亲处于弱势;儿童和青少年相比,儿童处于弱势;老人和年轻人相比,老人处于弱势;妇女和男性相比,妇女处于弱势;未成年子女和父母相比,未成年子女处于弱势;父母和成年子女相比,父母处于弱势。[①] 笔者认为,将这种强势还是弱势的比较限定在一定标准下的两方主体之间是值得借鉴的,但是由此得出对弱势家庭成员的特别保护就是我国宪法上婚姻家庭规范的核心这一结论却是值得商榷的。

一方面,"弱势群体"并不是一个严格的法律概念,如何界定这一概念并区分出这一类人群也存在很大的分歧。一般确定宪法层面上需要保护的"弱势群体"会从两个方面着眼,一是经验上的,二是规范上的。[②] 从对中国社会现实的观察经验中,社会学研究者主要从经济地位来界定,认为弱势群体主要是那些经济实力单薄,需要从国家和社会获得物质帮助的人员。他们不具备基本的物质生活条件,具有经济上的贫困性、生活质量的低层次性和承受能力的脆弱性等特点。[③]

另一方面,从我国宪法的规范体系来看,宪法中明确针对特定群体的规定有如下条款:第 4 条的少数民族;第 32 条的外国人;第 45 条"年老、疾病或者丧失劳动能力","残废军人","烈士家属","军人家属","盲、聋、哑和其他有残疾的公民";第 48 条的妇女;第 49 条的"母亲和儿童","老人、妇女和儿童";第 50 条的华侨、归侨和侨眷。但是这些特定群体中,外国人、华侨、归侨

① 参见王锴:《婚姻、家庭的宪法保障——以我国宪法第 49 条为中心》,载《法学评论》2013 年第 2 期。

② 参见李忠夏:《弱势群体的宪法保护》,载《山东大学学报(哲学社会科学版)》2013 年第 6 期。

③ 参见陆士桢主编:《中国城市青少年弱势群体现状与社会保护政策》,社会科学文献出版社 2004 年版,第 4 页。

和侨眷等很难被视为弱势群体。再结合前述社会学研究成果,即便是其他几类主体,比如老人、妇女、儿童,也需要在具体情境中根据同一标准来判断某一个体相对于其他个体是否处于弱势,不能一概而论,不能笼统且不加条件地将老人、妇女和儿童等直接划归弱势群体,这是不够严谨的。[①] 即便是在具体的家庭环境中,亦是如此。比如说一个收入水平很高的妇女,很难说她相对于一个收入在社会平均收入线以下的男性依然处于弱势,相反很有可能还处于非常强势的状态。因此,抛开强势和弱势的区别,将第 49 条中出现的"母亲""儿童""老人"等界定为特定家庭成员才是妥当的,这体现了现行宪法对家庭成员之间代际关系的保护。[②]

（二）"母亲""妇女""儿童""老人"的宪法含义

妇女与母亲在概念上有一定的重合之处。妇女是从性别意义角度给的定义,相对于男性而言,是对成年女子的通称[③],不单纯指已婚妇女,也无论是否生育和抚养过子女。我国司法解释中将 14 周岁以上的女性都称为妇女。母亲是子女对双亲中女性一方的称谓,体现一种亲属关系。社会学上把养育子女成长的女性定义为母亲。母亲地位的获得,可以是通过直接的生育行为,也可以通过法律拟制,比如通过收养行为成为养母,或者与有子女的男性缔结婚姻关系,成为该子女的继母。如前文所述,对母亲身份的认定还需要考虑科技发展中出现的新情况,对宪法规范中

① 参见马岭:《宪法权利解读》,中国人民公安大学出版社 2010 年版,第 190 ~ 192 页。

② 参见蔡琳:《家庭秩序:国家法的构造与限度》,载《浙江学刊》2020 年第 5 期。

③ 参见中国社会科学院语言研究所词典编辑室编:《现代汉语词典》,商务印书馆 2017 年版,第 408 页。

这一概念的理解需要顺应社会变迁，容纳新的价值。同时也需要下位法律结合新情况重新思考，并在法律中予以明确。

儿童是根据年龄而划分出的一类主体。《儿童权利公约》中将“儿童”定义为18周岁以下的任何人。我国法律对于未成年人的定义也是如此。但是，我国《宪法》除了第49条之外，还在第46条中进行了规定。由此可以看出，我国宪法在年龄划分上，将儿童与青年、少年相对应。世界卫生组织确定的年龄分段中，将44岁以下视为青年。[①] 但根据我国《中长期青年发展规划（2016—2025年）》，青年所指的年龄范围是14～35周岁。[②] 因此，青年的定义在全世界不同国家是不同的，即便在一国之内也是根据社会文化环境在不同历史时段的发展一直在调整。《现代汉语词典》中将少年定义为十岁左右到十五六岁阶段，这也是一个非常不确定的划分。[③] 所以对于儿童的确定无法通过与青年、少年的定义进行对比而得出。我国刑法中对于拐卖儿童罪中的“儿童”定义为不满14周岁的未成年人，刑法学上对少年犯罪解释为已满14周岁未满18周岁的未成年人犯罪，因此有学者认为对于宪法上的儿童应该理解为14周岁以下的未成年人。

笔者认为，不应该用前述刑法中的规定来理解宪法上儿童的概念，而应该将儿童的范围扩大，借助《儿童权利公约》中对于儿童的定义，即为18周岁以下的任何人。我国早已于1992年就批

---

① 参见《世卫组织确定新年龄分段：44岁以下为青年人》，载环球网2013年5月13日，http://world.huanqiu.com/regions/2013-05/3930101.html。

② 参见中共中央、国务院印发：《中长期青年发展规划（2016—2025年）》，载《人民日报》2017年4月14日，第1版。

③ 参见中国社会科学院语言研究所词典编辑室编：《现代汉语词典》，商务印书馆2017年版，第1150页。

准了《儿童权利公约》,将公约规定的义务从单纯的意向和宣言转变成为改善中国儿童生活的具体行动方案。儿童的培养关系家庭和国家的前途和命运,其权利主体的范围扩大也有助于对该群体的保护。虽然《宪法》第 49 条第 3 款的规定采用了“未成年子女”的说法,是否可以因为宪法表述分别采用了“儿童”和“未成年子女”的说法,而推测出制宪者刻意区别了儿童和未成年人呢? 笔者认为这种推测是没有必要的。“未成年子女”是和“成年子女”相对而言的,“未成年子女”中的“未成年”是后边“子女”的修饰限定语,重在说明前述的父母要履行的抚养教育义务的对象,相当于明确父母对于该义务的履行要持续到其子女成年。待到子女成年之后,父母和子女双方的权利义务关系会发生变化。因此不应该因为“未成年子女”的表述而限缩“儿童”的保护范围。

老年人在我国《老年人权益保障法》中被界定为60 周岁以上的公民。由于现代物质生活水平和医疗技术水平的提高,人们的寿命普遍延长,老年人的界限会被重新定义。但是老年人总是存在的,本条规定符合尊老恤老的伦理道德价值观,体现了对老年人的关怀。但是年龄的大小只是一个相对而言的界定,在一个家庭中需要通过成员之间的相互比较才能得出。儿童和老人是每一个人的必经阶段。从表面上看,保护儿童和老人是保护部分人,但实际上是保护所有人。对于儿童和老人的保护是每一个人在特定时期都可以享受的权利。

(三)“母亲”“妇女”“儿童”“老人”的国家保护义务

《宪法》第 49 条第 1 款规定母亲和儿童受到国家的保护,第 4 款的规定明确了国家履行保护义务的方式之一,即禁止虐待老人、妇女和儿童。《宪法》第 49 条是关于婚姻、家庭的条款,这里应该将禁止的对象理解为其他家庭成员。当家庭成员的生命、健康、身体自由和人格权等受到家庭中其他成员的侵害时，国家可以介入，为其提供保护使之免受来自第三人的侵害。“虐待”是指用“残暴并且狠毒的手段来对待”某些人或者事物，是一个人用胁迫的方式去控制另外一个人的行为模式，给对方造成身体上和心理上的恐惧以及伤害。[①]《中华人民共和国刑法》第 260 条规定了虐待罪。该罪侵犯的对象是共同生活的家庭成员，要保护的法益是家庭成员之间的平等权利，以及宪法规定的和谐稳定家庭关系。

但是，从确保基本权利实效性的角度来看，应该将第 1 款中对于母亲、妇女、儿童、老人的保护的场域予以扩大，不仅仅局限在家庭之中，这样有利于对这些特定主体实行最大范围的保护，使每一个人的生活都有尊严，有保障，并且不受身心的虐待。妇女、儿童、老人等主体，即使因为生理原因、年幼或者年老、健康原因，丧失完全自理能力，他们作为社会成员，同样有权利要求维持独立而有尊严的生活。在农业社会，扶老携幼曾经更多依赖的是家庭，社会要求他们的家人去照顾，直到被照顾的人经济独立或者死亡。但是在当代家庭日益核心化、传统功能减退的情况下，社会和国家承担了更多的责任。

（四）特定家庭成员保护与婚姻自由的关系

1. 婚姻存续中的自由与特定家庭成员的保护

婚姻关系存续的过程中，婚姻是一个独立的实体，国家法律承认婚姻关系是超然的、神圣的、重要的社会关系，允许或者默许

---

① 参见中国社会科学院语言研究所词典编辑室编：《现代汉语词典》，商务印书馆 2017 年版，第 965 页。

婚姻关系的双方处理其内部的诸多事务。为了保护婚姻关系的完整性，保护婚姻当事人，婚姻的很多方面不受他人的干预，个体的婚姻生活实行高度自治，由配偶双方自由组织、实施或者完成，国家当然也就被排除在外，这是婚姻自由所具备的防御权功能。

但是婚姻对于社会和国家的影响如此重大，国家通过法律对其实施干预，当事人的婚姻自由需要被限制在某种范围之内。人的理性和婚姻关系内部的自治能力不能被高估，因为现实生活中并非所有的婚姻当事人都能相互尊重、和睦共处，双方的地位不会一直处于平衡的状态，甚至会发生一方实施严重损害另一方权益的行为。既然婚姻自由追求的是每一个人的自主权都得到充分尊重，那么弱势一方的尊严、权益就需要由法律介入为其提供帮助和保护。在现代社会，保护弱者利益的价值观被普遍接受并植入法律之中，对不当婚姻行为的干预为多数人认同和接受。前文所提到的反对家庭暴力的法律实践就是对婚姻关系的直接干预，以纠正夫妻一方或者双方的严重损害对方人身权利的行为。

2. 离婚自由与特定家庭成员的保护

离婚自由是婚姻自由的重要组成部分，在保护离婚自由的同时，需要加强对特定家庭成员的保护，以形成与离婚自由的平衡。比如，离婚救济制度是为消除双方离婚之后的生活顾虑，以保护在经济上相对弱势一方离婚后的正常生活之目的而设立。它是立法者为离婚过程中弱势一方提供的法律救助手段，也在保障离婚自由的同时实现宪法规定的保护特定家庭成员的目的。

我国的离婚救济制度主要包括离婚损害赔偿制度、离婚经济帮助制度和家务劳动补偿制度。离婚损害赔偿制度侧重通过对严重违反夫妻关系义务的一方的“制裁”来实现对无过错一方的补偿和慰藉，对于离婚自由具有重要的平衡作用。离婚经济帮助制度重在给予离婚时经济上处于劣势的一方以经济扶助，帮助其度过离婚之初所面临的困境。且不论上述制度在具体实施中存在的现实问题，其制度设置本身就体现了宪法保护特定家庭成员与保护公民离婚自由之间的平衡。因为现实生活中一般是妇女处于离婚纠纷中的弱势地位，因此也体现了对妇女的特别保护，从而有利于防止因离婚带来的社会秩序失衡。家务劳动补偿制度侧重对家务劳动价值的承认和对妇女合法权益的维护。《民法典》"婚姻家庭编"进一步完善了离婚救济制度，体现了保护弱者利益的实质正义。"婚姻家庭编"取消了离婚家务劳动经济补偿的前提条件，不再以夫妻约定适用分别财产制度作为前提条件，反映了我国婚姻家庭法律对于无酬的家务劳动价值的进一步肯认，也体现了民法典总则编中公平原则的精神。[①]

① 参见《民法典》第1088条规定："夫妻一方因抚育子女、照料老年人、协助另一方工作等负担较多义务的，离婚时有权向另一方请求补偿，另一方应当给予补偿。具体办法由双方协议；协议不成的，由人民法院判决。"

第五章　婚姻自由的限制及其界限

基本权利的限制是指国家对公民基本权利行使所造成的影响、阻碍。就限制的样态而言,一般是以法律要求公民未来无法行使基本权利或者在行使基本权利的时候受到一定程度的阻碍。国家对于基本权利的限制,如果满足了形式意义和实质意义上的要求,则该限制具有合宪性。反之,则无法取得宪法上的正当性。就婚姻自由而言,宪法、法律以及其他法规范中对公民行使婚姻自由都规定了诸多限制。理解婚姻自由的限制以及该限制的合宪性,需要从以下几个方面展开。一般而言,公民的某项行为,导致其婚姻自由受到国家的限制,要检验国家对此的限制规定是否合宪,首先,需要解释该项行为是否落入婚姻自由的保护范围,这就是婚姻自由作为一项基本权利本身的内容为何,是否可以将案件所涉及的事实涵射到婚姻自由之中。其次,考虑婚姻自由所保护的法益是否受到国家行为的侵犯,在这一层次需要判断该国家行为属于婚姻自由设置的内在限制,还是对婚姻自由设置的外在限制。内在限制一开始就进行了筛选,将若干内容排除在保护范围之外。对于外在限制则需要从形式和实质两个角度对其进行合宪性审查。前者主要是从法律保留的角度分析,后者主要是运用比例原则。

一、婚姻自由限制的概述

(一)婚姻自由限制的理论基础

无论对基本权利采用何种理论,在现实生活中,基本权利都必须受到某种程度的限制。在现代社会的发展中,人是共同体的一分子,不可能离开群体而单独生活。为了设立相关准则以规范共同生活的秩序,实现整体利益的最大化,个人的权利必然会受到限制。这种限制源于个人组成社会的需要。根据启蒙思想家的论述,个人组成社会之时,必然要让渡或者放弃一部分属于自己的权利,容忍社会公共利益或者其他主体在一定范围内对自己权利的制约。与此同时,基本权利保障了公民最广泛的自由和权利,此种自由和权利的行使,可能会在公民个体之间存在冲突。那么,宪法要肯定每一个体基本权利的存在,最大程度上维护因为该基本权利的行使给公民个人带来的利益,同时还要允许国家以制定法律的方式对公民基本权利的行使设定合理的界限,以缓解某行使基本权利的行为对他人合法的权利和利益,以及公共利益带来的冲击。这二者之间的紧张关系由立法者来平衡和调和。①

婚姻关系的社会属性是其本质属性，婚姻关系的成立与解除，属于个人自由的范围。但是，婚姻不仅仅是私人行为，还承载着重要的社会功能，比如赡养老人、繁衍和教育后代、维系家庭情感、消费和生产功能等。所以，婚姻与当事人双方主体的利益、子女和其他家庭成员的利益，以及社会公共利益存在非常密切的联系。

现代社会中人与人之间亲密结合的关系需要国家通过婚姻制度来制约和规范。婚姻关系的产生与婚姻形式的演进是人类在自然选择规律与社会生产状况的共同作用下自觉限制这种亲密结合关系的结果。国家设立婚姻制度，要求办理结婚登记或者离婚登记，实现对婚姻关系形成或者解除的干预。在此一环节中所存在的国家利益是使婚姻的自然属性，即人类在两性关系上的自然天性，与特定的社会背景和文化传统相融合，与既定的社会秩序相协调。此外，人类需要生存和生活，需要大量的组织活动和日常工作安排。婚姻和家庭作为一种社会组织，通过日常生活的组织和运转，完成社会人口的准备过程，实现个体的生活需求。因此，国家还需要在保障婚姻自由的前提下，维护社会最基本的单位——家庭，因为公民离婚自由的行使将导致一个家庭的破裂。正因为国家在公民的婚姻关系上享有这些利益，立法者在制定基本婚姻和家庭规则时，要考虑诸多问题：结婚或者离婚需要具备哪些条件？双方在处理婚姻关系时对待子女的立场和底线是什么？双方在婚姻关系存续过程中相互关系的边界在何处？……这些最基本的规则为婚姻双方的自由确定或者协商约

① 参见陈新民：《德国公法学基础理论》，法律出版社2010年版，第389页。

定留有足够空间，但也因为对国家利益的维护而对公民的婚姻自由构成限制。

婚姻关系本身涉及双方主体，是两个人之间的事务，这就使得对于婚姻自由的保护并非仅着眼于孤立的个人，而是处于婚姻关系中的人，以及因为这段婚姻关系而组成的家庭中的人。婚姻自由诞生之初是要求婚姻必须要有双方的同意，这本身就是一种对于情感的限制，拒绝承认一方基于生理的本能冲动或者强烈情感而强加于对方一段婚姻的关系。那么婚姻自由在规范层面上至少不允许多妻、多夫、通奸、重婚等行为，哪怕这些行为对于当事人而言是两情相悦的。此外，大多数人都孕育并成长于家庭之中，或者说组成家庭与内在人格的自我形塑密切相关。婚姻连接家庭，已形成内涵丰富而盘根错节的综合性制度，婚姻自由的保障与其他因为此段婚姻关系而产生并相互联系的家庭成员的权利保护之间会产生冲突。为了使这段婚姻关系中的两个人，以及家庭这个共同体中的每一个人都尽可能享有平等的权利，保持利益上的相对平衡，就必须对婚姻双方行使婚姻自由加以限制。

（二）婚姻自由限制的宪法依据

就我国宪法中的婚姻自由规定而言，立宪者并没有在第49条中规定婚姻自由的界限，或者明确指出婚姻自由的行使应该受到某种限制，进而授权立法者对这种限制的目的、程度和内容进行具体化。因此，对于婚姻自由的限制，需要援引《宪法》第51条这一概括限制条款。根据该条的内容来看，其中的否定词“不得”，用以肯定国家、社会和集体的利益与他人合法权益受到宪法保护这一事实，那么前述公民的基本权利可以受到限制，不得逾越“其他公民的合法的自由和权利”以及公共利益这两条界限，以此作为基本权利限制的实质性条件。所谓“损害”，指使利益蒙受损失[①],使权利处于不利益的状态[②]。也就是说公民行使自己的自由和权利可能会使《宪法》第51条列举的“国家的、社会的、集体的利益”,以及“其他公民的合法的自由和权利”处于不利益或者受到损失和侵害的状态。那么,《宪法》第51条的规定表明,公民行使基本权利不得侵犯他人的合法权益和公共利益。在这一条中,作为基本权利界限的“公共利益”主要体现为此处的“国家的、社会的、集体的利益”。此外,我国宪法文本中还有类似的表述,包括第28条中的“社会秩序”“国家安全”“社会治安”,第53条中的“公共秩序”等。这些都从属于公共利益,是公共利益的下位概念。[③]

此外,我国宪法文本中也有对于基本权利限制的具体规定,这些具体规定既包括直接限制规定,也包括间接限制规定。首先,直接限制如《宪法》第36条对公民宗教信仰自由的规定。第36条在确认公民有宗教信仰自由的同时,该条第3款规定了3种限制的情形,构成了宪法对于公民行使宗教信仰自由的限制。其次,在我国宪法中也可以找到对基本权利的间接限制条款,即授权立法者对基本权利作出限制,主要包括以下几种具体情形:第一,以法律保留或者经由法律授权的方式作出限制,即基本权利的限制要经过法律的具体化才具有可能性。我国宪法的规定体现并不直接,但是对于一些条文的理解可以在内容不变的前提下进行转换。比如,我国《宪法》第39条规定公民的住宅不受非法

① 参见中国社会科学院语言研究所词典编辑室编:《现代汉语词典》,商务印书馆2017年版,第1255页。

② 参见信春鹰主编:《法律辞典》,法律出版社2003年版,第1368页。

③ 参见胡锦光、王锴:《论我国宪法中“公共利益”的界定》,载《中国法学》2005年第1期。

搜查和侵入,对这一条的规定可以理解为如果有法律依据,并且是合法的情形,就可以搜查或者侵入公民的住宅。从这个角度来理解,这一规定可以看作宪法授权法律对公民的住宅权进行限制。对《宪法》第37条第3款也可以进行类似的分析。第二,宪法规定了限制要求,该要求具有最高的约束力,但是在更具体的部分还是要交给立法者来实现,具体化的法律规定在符合宪法规定的前提下才具有适用性。比如,我国《宪法》第40条规定了公民的通信自由,也同时规定了对其进行限制的条件,即“国家安全或者追查刑事犯罪的需要”,并且要“依照法律规定的程序”,因此“程序”的具体内容还需要法律进行具体规定。第三,宪法规定体现了基本权利限制的意图,但是构成限制的概念具有抽象性,授权法律对其予以明确化,对宪法概念的内涵进行解释。比如,我国《宪法》第34条规定“依照法律被剥夺政治权利的人”不享有选举权和被选举权,那么这里的“政治权利”具体包括哪些权利?一般来说,“政治权利”是指选举权和被选举权,以及《宪法》第35条规定的“有言论、出版、集会、结社、游行、示威的自由”,但这只是学理上解释,并不一定完全符合宪法的规定内涵。也正是因为“政治权利”这一宪法概念的内涵不确定,刑法中作为附加刑的“剥夺政治权利”在上述两种类型之外,又增加了“担任国家机关职务的权利”,以及“担任国有公司、企业、事业单位和人民团体领导职务的权利”两种类型。

二、婚姻自由的内在限制

(一)内在限制的一般含义

以基本权利是否自始含有限制为标准,存在两种不同的观点,即内在限制说和外在限制说。内在限制说认为,基本权利自身带有某些限制性要素,它们构成基本权利的内在规定性的一部分，在确定基本权利的保护范围时应该受到这些因素的影响。而外在限制说认为，基本权利内涵中并不含有自始的限制，基本权利的保护范围自始是没有边界和存在无限可能性的。[①] 根据内在限制说，基本权利内涵和外延的确定是一个整体的过程，不能被拆分成两个环节，将“构成”和“限制”作为一个问题来处理，一开始就否定掉不具有积极意义的要素，即对其内涵作出限制，以保证其纯粹性和稳定性。与之相反，外在限制说则把“构成”和“限制”作为两个问题来处理，先确定权利的构成要素，拓宽其保护范围，再考虑和权衡公共利益、他人的合法权益、法治秩序、公序良俗、社会伦理道德等因素，并引入法律保留原则、比例原则等审查工具，由此排除不能得到保护和支持的权利主张。

上述区别决定了二者在基本权利保护效果上的不同。内在限制说将保护范围限制在非常狭窄的状态，它过早将某些行为或者不确定的法益排除在基本权利的保护范围之外，使对这些行为的限制逃避了合宪性审查。[②] 这样会导致基本权利的范围被严重限缩，不利于基本权利效力的最大化。外在限制说主张基本权利保护范围的极大化，尽可能扩大基本权利的作用空间，即便是将不确定的法益也涵盖在其内。尽管外在限制说也隐含着“公共利益优位论”的危险[③]，但是相对于内部限制说一次性完成保护任务，外部限制说显得谨慎而细致。

就婚姻自由而言，笔者认为该项基本权利兼具内在限制和外在限制。首先，婚姻自由存在一定的内在限制，自始排除了一些

---

① 参见张翔：《基本权利冲突的规范结构与解决模式》，载《法商研究》2006 年第 4 期。

② 参见张翔：《基本权利限制问题的思考框架》，载《法学家》2008 年第 1 期。

③ 参见张翔：《公共利益限制基本权利的逻辑》，载《法学论坛》2005 年第 1 期。

不被保护的行为类型,因为从婚姻本质来看,它与社会伦理、公序良俗等因素有着天然的紧密联系,其中所包含的对道德善的价值要求比其他基本权利更高。其次,从促进基本权利效力最大化的目标来看,笔者认为这种内在限制的程度极为有限,或者说被排除在外的不被保护的范围很窄。对于婚姻自由的限制更多还是采用外在限制的方式,要区分宪法上对婚姻自由确定的保护范围和实际得到的保护范围,在认同婚姻自由内在的道德因素和正义价值的同时,要先尽可能以开放性的态度去保护一切可能的情形,再结合其他因素对其作出限制。下文予以详细论述。

内在限制是以一种消极思路对基本权利保护范围的反面界定。内在限制之所以存在,一方面,是因为基本权利本身并不是价值无涉的,它蕴含了人类共同体存在、延续和发展所必要的东西,只能允许人们符合其精神而非违背其精神地行使。[①] 那么这些精神和价值就是存在于基本权利内涵之中的天然限制。基本权利具有价值评判的功能,它必须是正义的,符合人类道德上的共同善。基本权利可以对抗公权力以及私人主体的侵害,并要求国家提供必要的条件以履行保护义务。那么,那些违背上述价值要求的利益主张,不应该得到基本权利光芒的"普照",不能要求国家尊重和保护,反而应该被限制和惩罚。

另一方面,除了价值意义上的考量,还要考虑基本权利规范整体甚至整个宪法规范。宪法明确规定了一些基本权利在行使的时候不得损害某些法益,但更多的规范中并未明确包含其行使的界限和限制条件,那么这些只有权利宣示,没有限制规定的"无

① 参见[德]康拉德·黑塞:《联邦德国宪法纲要》,李辉译,商务印书馆 2007 年版,第 535 页。

保留的基本权利”就是绝对的不应当受到任何干预吗？这需要对宪法规范进行体系性的理解，对除基本权利章节之外的其他规范进行解释，提炼出宪法的目的、核心价值。对于那些违背了宪法目的和基本权利价值的行为，当然被排除在外。

（二）单偶制作为婚姻自由的内在限制

何为某项具体基本权利的内在限制，这是一个主观“发现”的过程，需要依托和遵循一定的根据和方法。其中一种思路是在规范之外的，借助其他学科的研究，比如通过哲学、伦理学、社会学、历史学等，以及对现实社会背景的把握和理解，进行综合的思维判断，形成内在限制的若干情形。另一种思路是在规范之内进行，通过对宪法规范进行体系解释，获得对某些基本权利内在限制的认识。两种思路也存在交叉和相互借鉴之处，比如第一种思路的研究成果和结论可以通过宪法规范中的概括性条款，被纳入规范框架中进行思考，作为支撑性材料以使论证更深入。

婚姻是两个个体之间的结合，婚姻自由的内在限制就是要求任何人都只能有一个配偶，无论其性别、财富和地位如何，都不得同时拥有两个或者两个以上的配偶，即一夫一妻制。

单偶制是婚姻自由的内在限制。一方面，根据宪法规范之外的研究成果，这符合婚姻的本质要求和自然属性，也符合婚姻形式的历史变迁过程。另一方面，这也是结合我国婚姻自由的历史演进，并对宪法的指导思想，以及男女平等的规定进行体系解释得出的结论。具体分析如下：

1. 宪法规范之外的研究成果借鉴

首先，一夫一妻制符合婚姻的自然属性。在恩格斯看来，婚姻以爱情为基础,这种爱情是专一而排他的。[①] 一夫一妻制婚姻是夫妻这种爱情保持专一和持久的前提条件。唯有如此,才能使夫妻真诚相爱,双方齐心协力,共同建设家庭,承担对其他家庭成员和社会的责任。任何其他形式的一夫多妻或者一妻多夫的结合,都是与爱情的专一性和排他性相矛盾的,不利于婚姻实现其巩固情感纽带的功能。

其次,单偶制是人类自身健康发展的自然要求。一方面,实行一夫一妻制是人类性别平衡的自然要求。另一方面,在以异性婚姻为主流以及生育繁衍作为婚姻主要功能的时代和社会中,实行一夫一妻制更有利于后代的健康。一夫一妻制使人类有了极其多样的不同结合,这些不同的结合产生了各种复杂差异的个体,更有利于后代的健康繁衍。尽管婚姻与生育没有必然的联系,但是根据经验事实,男女结合的婚姻关系缔结之后,多数还是会生育下一代。随着基因密码的破译,人类知道下一代子女的基因中各占了父母的一半,如果实行一夫多妻制或者一妻多夫制,这样的家庭肯定比一夫一妻制会产生更多的后代,那么在经过若干时代以后的婚姻中,新结合的夫妻双方具有重复基因的可能性和概率就会增大,不利于人类自身的健康发展。

2. 宪法规范内部的体系解释

首先,婚姻是一种特殊的社会关系,与社会生产力的发展程度相一致。物质资料的生产方式是婚姻的经济根源。资本主义和社会主义都是一夫一妻制的经济基础,但是二者的内涵有所区别。资产阶级的一夫一妻制,其核心内容是私有财产的维护。当

---

① 参见中共中央马克思恩格斯列宁斯大林著作编译局编译:《马克思恩格斯选集》(第4卷),人民出版社2012年版,第94页。

社会发展到共产主义社会,生产资料归社会所有时,一夫一妻制婚姻才能够真正实现。情感因素会替代其他经济和物质因素成为婚姻的唯一基础。我国《宪法》第1条第2款第1句规定社会主义制度是我国的根本制度,确立了社会主义原则作为我国宪法根本原则的地位,一切制度的制定和实施都要遵守这一根本原则。既然社会主义社会所对应的婚姻形态是一夫一妻制,那么我国当前的婚姻制度必须要坚持一夫一妻制。总之,马克思主义中有关婚姻思想的理论需要宪法规则予以规范化和外在化,因此宪法文本中有关婚姻自由内涵和限制的规定是马克思主义婚姻家庭理论得以贯彻和实现的重要载体,相关规范的解释必然要体现马克思主义对于一夫一妻制的主张,以构建文明、健康的社会主义婚姻关系。

其次,我国宪法规定了男女平等。现代意义上的一夫一妻制是人人平等和男女平等的内在要求。历史上的一夫一妻制从产生之初就是片面的、不平等的,是对妇女的单方面要求和限制,是男性对女性的压迫和奴役。我国历史上实行的一夫一妻多妾制实际上是分等级的。比如,《礼记·曲礼》记载:“天子有后,有夫人,有世妇,有女嫔,有妻,有妾。”《礼记·仪礼》记录了天子配偶的数量,“公侯有夫人,有世妇,有妻,有妾”。“天子三夫人,九嫔,二十七世妇,八十一御妻。”不同阶级可娶妻妾数量有差别,直到庶人只能专有一个配偶。[①] 由此可见,我国历史上,男性因为财富和地位的不同而拥有的妻妾数量也不同,一夫多妻就会导致其他人无妻可配,而且妻妾之间的地位是不平等的。这一点无疑违反了现代文明社会对人人平等的要求。此外,从解放和保护妇

① 参见朱勇主编:《中国法制史》,法律出版社2006年版,第31页。

女、确保妇女享有与男子平等的地位和权利来看，无论是一夫多妻制还是中国古代的一夫一妻多妾制，都体现了男尊女卑的观念，女性被作为资源供男性选择和支配，是一种男权思维主导下的婚姻形式。在人类已经经过了争取男女平等和妇女解放的社会斗争之后，一夫一妻制不可分离地被编织进我们的社会结构之中，这是现代社会制度文明的基石之一。国家要根据这些最基本的价值观念，为了其根本利益而支持并执行其对于一夫多妻制或者一夫一妻多妾制的禁令，以保护一夫一妻制的婚姻关系。[①] 自1950年《婚姻法》开始，我国就对重婚、纳妾等违反一夫一妻制的现象予以严格禁止。总之，单偶制最终在法律规范中以一夫一妻制的形式固定化，这既是宪法对于男女平等规定的体现，也是最终实现男女平等的保障，对于提高妇女社会地位，保障妇女在家庭中与男子平等的地位，具有重要意义。

综上所述，婚姻自由作为公民的一项基本权利，或者说是现代社会婚姻制度最根本的原则，要求婚姻的形成必须以男女双方的合意为前提，这就是对于人类原始而天然的情感的一种限制。无论是法律上认可的婚姻关系，还是事实上的婚姻关系，法律都拒绝承认一方基于强烈的原始情感冲动与配偶之外的其他人结婚。婚姻自由原则并非独立存在，世界上大多数国家确立的一夫一妻制婚姻的原则就是其背景支撑。从具体规定来看，禁止多妻、多夫、通奸、重婚，以及违反夫妻之间的忠实义务等都是婚姻自由内在限制的具体体现，无论这些行为是否因为双方当事人的两情相悦而产生。只有单偶制婚姻才是现代社会真正的婚姻。

---

① 参见［美］哈里·D.格劳斯、［美］大卫·D.梅耶：《美国家庭法精要》，陈苇译，中国政法大学出版社2010年版，第31页。

三、婚姻自由的外在限制

如前文所述，从我国《宪法》第51条中分析出婚姻自由的两个界限：第一个是“国家的、社会的、集体的利益”可能会对婚姻自由构成限制；第二个则是其他公民的合法权益也会对婚姻自由的行使构成限制。宪法的概括限制最终都要由立法者在制定法律中具体化，并充分考虑上述婚姻的社会属性以及涉及的其他主体的权益。梳理我国法律中对于婚姻自由的限制，可以归纳出以下几种类型：第一，基于特定主体身份的限制，比如对于国家公职人员、军人的婚姻设定的特殊限制；第二，基于传统生育功能的限制，比如《民法典》“婚姻家庭编”规定禁止直系血亲或者三代以内的旁系血亲结婚；第三，基于其他公民合法权益的限制；第四，基于公共利益的限制。

（一）基于特定主体身份的限制

基于特定主体身份的限制，只适用于有限范围内的人员的婚姻自由，它们体现在传统的特别权力关系的情形之中。特别权力关系理论可以追溯到19世纪君主立宪时代的德国，后传入日本。在特别权力关系中，国家或者公共团体一方具有概括的命令强制的权力；另一方相对人处于一般公民的地位，服从国家的支配以及国家特别的命令或者强制，这是法律的特别规定使然。[①] 特别权力关系是一种权力支配关系，该关系是具有某种职务或者身份的人与国家统治权具有特别密切义务的特征，比如公务员、军人、学生以及监狱中的服刑人员等，对于具有这类特殊身份的人的基本权利和自由的侵害，不仅不需要法律的根据，并且他们如果要

---

① 参见翁岳生：《论特别权力关系之新趋势》，载《行政法与现代法治国家》，台湾大学法学丛书编辑委员会1990年版，第132页。

请求救济,最多只能寻求内部的申诉通道,而不能像一般公民那样提起诉讼。[①] 概言之,根据特别权力关系,在基本权利限制上有以下例外:第一,设定特别权力关系,无须根据法律,有命令和规则即可,即在特别权力关系领域不适用法律保留,国家可以在没有法律授权的情况下限制相对人的自由;第二,可以根据总括性的支配权来限制基本权利;第三,排除法院的司法审查,相对人不得向法院提起争诉,以致相对人的基本权利和自由难以得到保障。

特别权力关系理论的形成与发展已历经一个多世纪,其内容被逐步批判、修正甚至摒弃。特别权力关系与一般公民与政府间的法律关系相区别,处于特别权力关系之中的相对人的基本权利受到侵害或者限制不需要法律根据,这些内容与现代法治精神已经不相符。德国宪法法院在 1972 年的受刑人员服刑判决中指出特别权力关系制度违宪,并指出传统特别权力关系领域的调整也要接受合宪性审查。该判决之后,德国法学界和实务界通说已经认为具有特别权力关系的身份,比如公务员、军人、学生与服刑人员的基本权利也应该受到宪法的保障。为了维持公务的目的和有效运作,特别权力关系理论依然有存在的必要,相对人的基本权利可做必要的限制,但是应该如同政府和一般公民的法律关系一样,限制其基本权利需要有法律依据,以实现该特别权力机关公务目的为必须,如监狱、军队、学校、警察、行政机关等,对基本权利限制的种类和程度必须是以该机关为完成其任务所必要为限。

---

① 参见法治斌、董保城:《宪法新论》,台北,元照出版有限公司 2014 年版,第 189 页。

在传统的几种特别权力关系类型中，其所属人员的婚姻自由都在一定程度上受到了限制，其中以军人的婚姻行为受到的约束最为典型。[①] 在此列举如下：

现役军人与军队之间存在特别的权力服从关系。由于军人担负的特殊使命、其所处的生活环境和职业特点与普通公民都存在较大差异，军事管理机关可以对军人的婚姻自由作出限制。因此，军人处理婚姻关系需要符合国家法律的规定，还需要执行军队的有关规定。当二者规定的内容不一致时，除了依照确定使用的法律内容之外，还应当适用“特别法优于普通法”的原则来处理军人的婚姻问题。军人职业具有特殊性，军人结婚的实质条件和程序条件等方面都有相应的规定，包括结婚对象的选择、政治审查报告的程序等，目的在于“巩固国防，促进我军革命化、现代化、正规化建设，保持部队纯洁稳定，提高战斗力，增强军政军民团结”。[②] 军队是执行政治任务的武装集团，对于军人的道德要求更高于普通公民。比如原《婚姻法》以及现在的《民法典》“婚姻家庭编”没有对公民未婚同居和婚外性行为作出禁止性规定，但是上述行为会给部队的婚姻管理带来隐患，影响部队的安全、纯洁和稳定，因此军队应有更严格和明确的要求。社会人员流动性大，就业方式多样，军人与地方、社会接触相对较少，设置恋爱

---

① 原国家教育委员会（现教育部）制定的《普通高等学校学生管理规定》（1990年）第30条规定：“在校期间擅自结婚而未办理退学手续的学生，作退学处理。”《研究生学籍管理规定》（1995年）第14条规定：“研究生在学习期间提倡晚婚。对符合国家规定的晚婚年龄而要求结婚者，由培养单位根据实际情况从严掌握。”上述规定对高等院校的已达到法定结婚年龄的在校学生的婚姻自由构成了限制。这两个行政规章的规定已于2005年在新的规定中被取消。

② 参见中国人民解放军总政治部作出了《关于军队贯彻执行中华人民共和国婚姻法的暂行规定》（已失效），对军人结婚问题作了具体的规定。

报告和政治审查制度[①],以及对军人配偶离婚自由的限制[②],都是有利于维护军人合法权益的措施。

(二)基于生育功能的限制

相关法律制度基于婚姻所具备的生育功能,对是否可以结婚以及结婚主体设置了诸多条件,比如禁止近亲结婚、禁止同性之间结婚等。

1. 禁止近亲结婚

《民法典》第1048条规定:“直系血亲或者三代以内的旁系血亲禁止结婚。”第1051条规定,有禁止结婚的亲属关系,婚姻无效。在社会学和人类学上,对于禁止近亲结婚的讨论更专业也更热烈。在法学上,一般说明禁止近亲间结婚的理由,只是指出其源自生物优生学和社会伦理道德上的理由而已。[③] 有观点认为,可以联系有关计划生育的规定,采用体系解释的方法,直接从宪法规范上对结婚对象的选择作出一些限定性的解释。我国《宪法》在总纲部分规定国家推行计划生育,在第49条第2款中对夫妻课以计划生育的义务。计划生育内含有优生优育之意,指出宪法以此限定了公民对结婚对象的选择范围,该范围中应该排除近亲。

笔者认为这种观点并不可取。首先,优生优育在我国宪法中并无依据。总纲第25条中明确推行计划生育是为了确保人口的

---

① 参见《军队贯彻实施〈婚姻法〉若干问题的规定》,中华人民共和国国防部网,http://www.mod.gov.cn/policy/2006-06/26/content_3079132.htm,最后访问日期:2017年11月29日。

② 参见《民法典》第1081条规定:“现役军人的配偶要求离婚,应当征得军人同意,但是军人一方有重大过错的除外。”

③ 参见吴煜宗:《禁止近亲结婚的合宪性》,载《月旦法学教室》第39期(2006年)。

适当数量,而并非是提高人口的质量。我国宪法中也有提高人口素质的相关规定,比如第 19 条第 1 款规定要提高全国人民的科学文化水平,第 21 条规定要保护人民健康,增强人民的体质,第 46 条第 2 款规定要促进儿童和青少年在德、智、体等方面的全面发展。上述这几条的规定是强调提升公民的文化素质,以及增强体质,确实包含有提高人口素质的意旨,但是"提高"的方法主要是从后天的教育、医疗和文化等方面开展,是治疗性的、改善性的[①],并不是预防性的优生优育措施的规范依据,否则跟婚姻自由产生冲突,也会有侵犯残疾人的生育权、胎儿的生命权和人性尊严之嫌。其次,第 49 条第 2 款中要求实行计划生育义务的主体是"夫妻",所谓"夫妻"应该是婚姻关系缔结之后而对双方形成的称谓,因此应该将这里的计划生育看作婚姻关系存续期间对夫妻生育自由的限制,而不是要求还未结婚的两个个体之间要以履行该义务才能结婚。结婚与生育之间并没有直接的联系,不能以是否生育作为是否允许结婚的前提。结婚之后可以不生育后代,而生育行为也可以发生在婚姻关系之外,非婚生子女的地位和权利也是得到国家法律承认和保护的。

因此,笔者认为婚姻法规范中对于禁止近亲结婚作过于广泛的规定,难免与公民的婚姻自由产生冲突,因而需要结合社会伦理等具体情况对被禁止的近亲范围和适用情形作出宪法上的进一步考量。

2. 患病禁止结婚规定的变化与婚前医学检查制度

《民法典》删除了 2001 年《婚姻法》第 7 条第 2 项"患有医学上认为不应当结婚的疾病"禁止结婚的规定,而将其作为可撤销

---

① 参见王贵松:《我国优生法制的合宪性调整》,载《法商研究》2011 年第 2 期。

婚姻的一种情形。《民法典》第 1053 条第 1 款规定："一方患有重大疾病的，应当在结婚登记前如实告知另一方；不如实告知的，另一方可以向人民法院请求撤销婚姻。"原《婚姻法》禁止患某些疾病者结婚的目的在于防止将某些疾病传染给另一方，或者遗传给下一代。这样的考虑是将婚姻的生育功能作为其出发点。《民法典》"婚姻家庭编"直接从结婚的禁止要件中取消了患病禁止结婚的规定，改为结婚前未如实告知患有重大疾病的，另一方可以请求撤销婚姻。其立法目的在于更好地尊重和保障当事人的婚姻自由，也保障当事人的知情同意权；同时也引导公民在结婚之前积极进行体检，行使其知情权。[①] 结婚自由强调缔结婚姻关系的当事人的意思表示必须真实自愿、完全一致。若在患病的一方明确告知，使其真正知情的前提下，另一方当事人依然自愿与之结婚，这才是对结婚自由的真正尊重。

与之相关的一个话题是我国的婚前医学检查制度。国务院《婚姻登记条例》规定的办理结婚登记应出具的证明材料中，不包括婚前医学检查证明。《中华人民共和国母婴保健法》第 12 条规定："男女双方在结婚登记时，应当持有婚前医学检查证明或者医学鉴定证明。"有公民认为这两处规定不一致，遂向全国人民代表大会常务委员会法制工作委员会（以下简称全国人大常委会法工委）提出审查建议。2021 年 12 月 21 日，全国人大常委会法工委在关于 2021 年备案审查工作情况的报告中指出："我们审查认为，自 2003 年 10 月《婚姻登记条例》实施以来，婚前医学检查事实上已成为公民的自愿行为；2021 年 1 月实施的民法典规定了婚前重大疾病的告知义务，将一方隐瞒重大疾病作为另一方可以

① 参见夏吟兰：《婚姻家庭编的创新和发展》，载《中国法学》2020 年第 4 期。

请求撤销婚姻的情形予以规定，没有再将‘患有医学上不应当结婚的疾病’规定为禁止结婚的情形。我们与国务院有关部门沟通，推动根据民法典精神适时统筹修改完善有关法律法规制度。”①

我国《婚姻登记条例》取消了强制婚检的程序，目的是简化结婚登记程序，更是为了保障婚姻自由，减少对其的程序限制。根据民政部门的解释，之所以未在《婚姻登记条例》中规定强制婚检，“一是婚姻登记机关根据婚检机构出具的检查结果无法认定当事人是否患有不应当结婚的疾病，是否可以办理登记。二是由于检查没有针对性，这就造成婚检中存在检查项目多、收费高等问题，群众反映强烈”。② 当然，申请结婚的当事人一方的健康关系到对方的重大利益，从双方的健康角度考虑，可以自愿到医院检查身体。《婚姻登记条例》是规定婚姻登记专门事项的行政法规，立法目的不同于《母婴保健法》的保障母婴健康，提高出生人口的素质。母婴健康更多关注生育行为背后的国家意志和公共利益取向，而婚姻许可则更多应贯彻意思自治、人格尊重，体现尊重个人婚姻的自由属性，摆脱社会本位的立场和国家管理的色彩。

相对于公民普遍认可的婚姻自由，取消强制性的婚前检查程序，将身体条件排除在结婚条件之外，结婚因此而变得更容易，但婚姻的安全系数也由此而降低，这就需要公民对于婚姻的选择和

---

① 沈春耀：《全国人民代表大会常务委员会法制工作委员会关于2021年备案审查工作情况的报告》，载中国人大网2021年12月24日，http://www.npc.gov.cn/npc/c30834/202112/2606f90a45b1406e9e57ff45b42ceb1c.shtml。

② 参见王贵松：《强制婚检制该何去何从》，载明德公法网2022年1月23日，http://www.calaw.cn/article/default.asp?id=14457。

决定更加理性和审慎。[①] 医疗机构对于身体条件的医学建议，只是辅助当事人理性考虑的因素之一，最终决定还是由其自行作出选择。国家的义务在于通过宣传教育、规范服务、免费婚检等方式适当引导。法律的作用应该体现在，如果患病一方隐瞒或者欺骗另一方并影响了对方的选择和判断时，法律应该惩罚该欺诈行为，以及对被欺诈一方提供救济途径，而不是在立法层面直接禁止患有疾病的人结婚。《民法典》“婚姻家庭编”取消了患病禁止结婚的规定，并增加了无过错方的损害赔偿请求权，使婚前隐瞒重大疾病的不诚信一方除承担婚姻被撤销的法律后果之外，还须承担损害赔偿的过错责任，正是体现了这一目的。

（三）基于其他公民合法权益的限制

从体系解释的角度来看，婚姻、家庭规范中涉及的其他主体还包括妇女、母亲、儿童等，这些都是考量婚姻自由行使不得侵犯“其他公民的合法的自由和权利”时，需要着重考虑的对象。并且，婚姻关系本来就是由双方主体构成，一方权利的行使必然需要考虑另一方面的权益。

首先，宪法规定国家保护母亲，保护妇女的权利和利益。整个婚姻自由的保障中，都强调妇女与男子具有同等的地位和权利，妇女与男子在婚姻、家庭、离婚关系中以及离婚后对未成年子女监护权的行使都受到同等对待。对于妇女权益的保护也是基于中国妇女总体社会地位和经济地位低于男性的社会现实所作出的判断，这也就需要全方位考虑妇女在婚姻关系中的地位和所发挥的作用。由于对于妇女、母亲的特别保护，则必然对男性一

① 参见孙若军：《疾病不应是缔结婚姻的法定障碍——废除〈婚姻法〉第7条第2款的建议》，载《法律适用》2009年第2期。

方的婚姻自由构成限制。比如,我国婚姻法律制度中对于离婚自由的限制规定就体现了对女性、母亲的保护,要求女方在怀孕期间、分娩后1年内或者终止妊娠后6个月内,男方不得提出离婚。[①] 这一规定是对男方的离婚诉权的限制,考虑到了妇女在怀孕和分娩的特殊时间段中,身体状况、精神和情绪状态都需要得到特别的照顾,这对于妇女自身、胎儿或者婴儿的发育和成长都有重要影响。为了维护妇女、胎儿、婴儿的身心健康,在此期间内,禁止男方提出离婚,是非常必要的。

其次,宪法规定国家保护儿童。如前文所述,应该将宪法中的儿童理解为18周岁以下的公民,与《儿童权利公约》中的定义保持一致。从身心的发展来讲,儿童需要获得更多的物质上和精神上的照顾和关爱。这样儿童对于婚姻自由的限制,可以置于一般宪法义务,即"父母有抚养教育未成年子女的义务"中进行理解。

最后,国家对特定家庭成员的特别保护,也会对婚姻自由的行使构成限制。在具体情境中,保护一段婚姻关系中处于相对弱势一方的利益则会对另一方行使婚姻自由构成限制。现实生活中,需要特别保护的家庭成员并不局限于老人、妇女、儿童这几类主体。此外,如果婚姻关系中的一方是残障人士或者其他无生活来源者,都属于婚姻关系中相对弱势的一方,在保障离婚自由和保护弱者利益之间应该进行平衡。婚姻关系中的当事人由于性别、年龄、地位的不同而存在不平等,则必须要对家庭中的最少受

---

① 参见《民法典》第1082条规定:"女方在怀孕期间、分娩后一年内或者终止妊娠后六个月内,男方不得提出离婚;但是,女方提出离婚或者人民法院认为确有必要受理男方离婚请求的除外。"

患者或者受到损害一方的利益加以特别的考虑和保护。比如《德国民法典》第1568条规定,如果存在特殊原因而有必要维持婚姻关系,或者因为离婚会使拒绝离婚的一方处于更加严峻而苛刻的境地,那么即便是婚姻已破裂,也有必要维持婚姻关系。

(四)基于公共利益的限制

对于前文所述的因为婚姻的生育功能而从个人条件和对象条件两个方面对公民的结婚自由设置限制,可以从国家在婚姻所具备的繁衍下一代和促进人口再生产功能上的利益来考虑。这些限制的立法目的在于促进两性的正常结合实现生育后代,以保证种族的延续。以上这些限制虽然都可以笼统地从国家、社会、集体等公共利益的角度来考虑,但都需要接受合宪性审查。尤其是在宪法没有明确婚姻的含义、没有将婚姻与生育功能挂钩的情况下,更需要以新的视角来审视诸多因为公共利益对于公民婚姻自由构成的限制。

比如婚姻登记制度。根据我国现行法律的规定,现在的一般做法是到婚姻登记机关进行结婚登记,以结婚登记取得结婚证为婚姻成立的形式要件。但是,在中国的传统中讲究"礼合",双方在结婚时依照当地的特定习俗举行结婚仪式。一桩符合礼俗的婚姻,一般要经历六礼才告完成。也就是说,中国古代婚姻的成立除了要符合国家法律的规定之外,还必须符合礼俗。[①] 新中国成立之后,婚姻立法采用单一的登记结婚主义,并进行社会改造活动,将民间存在的结婚仪式视为旧式陋俗,进行移风易俗,否定了传统仪式婚的法律效力。婚姻关系要成立,要获得国家认可的

---

① 参见金眉:《事实婚姻考察——兼论结婚仪式的现代法律价值》,载《华东政法大学学报》2011年第1期。

法律地位,必须要进行结婚登记这一形式。这样就导致了那些双方具有婚姻合意,也具有事实上的婚姻生活,但不满足现行法律规定的形式要件的婚姻行为被排除在法律认可、国家保护的婚姻关系之外。

结婚关系到双方当事人和子女的利益,并涉及社会公共利益,婚姻登记是婚姻关系成立并发生法律效力的形式要件。婚姻登记的目的主要将婚姻重要信息向全社会公示,使第三人知悉,使婚姻获得其他社会成员的广泛尊重,也为第三人构建与婚姻当事人相关的法律关系提供充足的信息保障,以维护正常的婚姻秩序。[①] 从这个角度来讲,婚姻登记将个人之间的事项上升至为其他社会成员提供信息,并将此信息公示视为重要公共利益的地位,其作用不可小觑。

但结婚仪式在中国社会长期存在,其中寄托着人们对于婚姻的敬意,是人们对婚姻的一种表述方式,它为双方的既有家庭成员提供了巩固、联络感情和承认新建立的家庭的机会,既可以体现对于新生婚姻关系的认同和祝福,实现精神和物质上的帮助与慰藉,还能沟通原生家庭的社会关系,巩固亲属之间的情感纽带。[②] 采用举办仪式的形式来结婚,既有对传统的延续,也有向其他家庭成员以及特定区域和范围内的社会成员进行公示的作用。仪式本身所具有的公开性和公示性对于中国这种熟人社会具有更重要的意义,中国历史也表明:社会所需要的公示意义并不局限于由特定的制度或者机构职能来强化,而是在具体场合中

---

① 参见孙凌:《婚姻登记的法律属性辨析——由〈中华人民共和国婚姻法〉第八条引发的思考》,载《宁夏社会科学》2010 年第 3 期。

② 参见吉国秀:《婚姻仪礼变迁与社会网络重建》,中国社会科学出版社 2005 年版,第 232 ~233 页。

由参与者来承担,这种内含于仪式中的公开性更加强了它在法律上的公示性。如果说登记婚是为陌生人社会创设的规则,那么仪式婚则是适用于熟人社会的礼仪与约束。①

结婚仪式是从民众和社会中自然生发出来的,由人们自行采用,构成人们生活的一部分,蕴含着人们的生存策略和生活智慧,所具有的现代意义和功能是不可被忽视的。而结婚登记则是国家法律要求公民在结婚时要履行的一项义务,要求其结婚必须要采用这项仪式。两种不同的形式造成了传统习惯与现代国家法律的冲突。但是鉴于结婚登记制度本身所具有的公示功能,以及对社会整体婚姻秩序稳定的平衡作用,结婚登记的重要地位不可改变。但是在规定结婚登记的同时,是否也应该从法律制度层面扩大结婚仪式对婚姻缔结有效性的承认范围,在价值层面不再对仪式婚姻予以排斥,而是正视并尊重中国人几千年以来的婚姻家庭生活经验,以确保公民结婚自由更大程度上的实现?如果当事人已经举行了婚礼,具备了法律规定的结婚实质要件,那么是否就需要考虑通过何种途径让其具有与结婚登记相同的效力,同时又不损害公权力的权威,确保既有秩序不被扰乱和失控?要正视国家作用和干预的界限,尊重民众的习惯做法,确保公民在结婚形式上的自由选择,这是宪法课以立法者应该分担的国家对婚姻、家庭的保护义务,也考验着立法者连接历史传统价值与现实社会的智慧。

---

① 参见金眉:《事实婚姻考察——兼论结婚仪式的现代法律价值》,载《华东政法大学学报》2011 年第 1 期。

四、婚姻自由限制的界限

(一)形式界限——法律保留原则

婚姻自由限制的形式界限,是要求以符合宪法的规范形式要求来限制该项基本权利,可以称为形式合宪性。凡是限制公民的权利和自由,以及课予公民义务或者负担,必须要有法律依据。形式界限处理的问题是哪些规范形式有权对基本权利作出限制,以及某种规范形式能够作出多大程度的限制。而从作为权利主体的公民来说,这些形式依据是限制基本权利的界限,也为基本权利的现实化提供了范围、方式等制度保障,是实现基本权利的一种保护。在基本权利限制的合宪性分析框架中,形式界限是所谓"违宪阻却事由"层次中的第一个步骤,主要体现为但是不限于法律保留原则的适用。

我国《宪法》中规定了若干立法形式的要求,比如"由法律规定""依照法律规定"等,尤其是在"国家机构"一章中。但是就基本权利部分而言,宪法并没有为之提供充分和完整的形式上的限制指引,那么就需要以既有的宪法条款为基础,通过合理的、融贯的宪法解释,构建宪法规范内含的法律保留体系。就婚姻自由的限制而言,前述对各种限制形式进行了区分,那么不同限制形式所需要满足的法律保留类型和要求也不一样。

法律保留即为立法机关保留,只有立法机关才能制定限制基本权利的法律,该法律要接受合宪性审查,并且不得授权行政机关制定。当然行政机关在相关法律基础上可以作出进一步的延伸和辅助规定。

如前文所述,"父母有抚养教育未成年子女的义务"是一般宪法义务,是对此处"父母"的婚姻自由进行限制的一种特殊情形。换言之,公民在行使婚姻自由的时候,该积极的行使行为同时具有义务履行的性质,或者需要同时以积极作为的方式来履行经由婚内的生育行为而产生的具体义务。从这个角度来讲,“抚养教育”义务是在以积极的方式为婚姻自由的行使划定边界,属于基本权利的范畴,是对婚姻自由进行限制的一种特殊情形,因为它要求公民个人积极作出特定行为,这一点与基本权利限制一般要求的公民消极不作为和容忍义务之间存在区别。

由于这样的一般宪法义务是以基本权利限制的特殊情形而被适用法律保留原则的,那么其规范位阶以及对于婚姻自由的限制程度属于诸多限制中的最高级别,其保留强度应该高于其他限制,应该适用强化的法律保留,由立法机关制定法律将该一般宪法义务具体化,从而对婚姻自由作出限制规定。

(二)实质界限——比例原则的权衡

从实质界限上来看,国家在限制基本权利时应该具有尊重的意识,符合比例原则的要求。而在应用比例原则进行权衡时,必须保障基本权利的本质内容。因此,本质内容保障构成基本权利限制的实质性界限,可以消除国家权力对基本权利具有形式合法、合宪的侵害的伪装,强化基本权利保障的密度和力度。

就婚姻自由而言,其本质内容必然是人的尊严。维护人的尊严是贯穿结婚自由、婚姻存续过程中的权利和离婚自由这一整体过程的实质和核心。这是个人不受国家干预作用的私人领域,通过对婚姻事务的选择、决定和行为而确立一个与自己相符合的生活方式。每个人都有与他人亲密共同生活的需求,对于婚姻的选择、维护以及最终的解除决定,都关系着其人格的发展和健全。从这个角度来讲,人的尊严作为宪法基本权利体系,甚至整个宪法得以正当化的基础性价值,它为婚姻自由的保护提供了最核心的价值指引和依据。

人的尊严作为婚姻自由的本质,还具有一定的抽象性。因为每一个体的结婚自由、婚姻存续过程中的权利,以及离婚自由在何种状态下可能受到侵害,应该根据具体事件在具体情境中进行个别判断。婚姻自由的内涵是综合性的,每一保护范围都应该与其属性、存立目的或者行使特色有密切关联。对于本质内容的保障,应该根据其特点在不同背景中寻求不同的保护方式。

这就有必要引入比例原则,在具体的个案之中进行权衡和判断。作为婚姻自由限制的实质性界限,比例原则要求限制的手段和限制的目的要相适应。首先,适当性原则,对婚姻自由的限制措施与所欲达至的公共目的之间必须存在合理的关联性;其次,必要性原则,要求在能达到目的的众多限制方法中选择对婚姻自由损害最小的方法;最后,狭义的比例原则,要求限制手段所欲追求的目的与所损害的私益之间不能存在明显失衡。

在此以禁止近亲结婚为例予以说明。我国婚姻法律制度将禁止结婚的范围,只及于“直系血亲和三代以内的旁系血亲”。在法学上讨论禁止近亲结婚的立法目的,一般围绕生物优生学以及社会伦理道德来寻找理由。禁止自然血亲间结婚,无疑是基于生物优生学上的理由,而禁止拟制血亲以及姻亲间婚姻,甚至将其效力扩及于姻亲关系、收养关系终止后,则主要是基于社会伦理道德上的理由。从目的上来看,根据遗传学和优生学原理,血缘关系太近的人结婚,容易将一方或者双方生理和精神上的疾病或者缺陷遗传给下一代。从伦理道德来看,近亲结婚有悖于人类长期形成的婚姻伦理道德,容易造成亲属身份上的紊乱。但是我国城乡地区一直存在表兄弟姐妹之间结婚的习俗。1950 年《婚姻法》对于表兄弟姐妹之间结婚规定为“从习惯”,直到 1980 年《婚姻法》才规定禁止近亲通婚。由此可见,禁止近亲结婚的立法目的是出于优生学上的考虑。尽管前文已经将生育功能与婚姻分离开来,但在多数民众的观念中二者依然是一体的,那么暂且认为此目的具有正当性。适当性原则方面,从采用的手段与达到目的的关系来看,在尊重既有科学研究的前提下,立法禁止近亲结婚无疑可以顾及优生学上的考虑,避免后代患上隐性遗传病。必要性原则方面,为了实现人口素质的全面提高,方法和途径都日益多样。完全禁止一种行为与部分禁止相比较,更加难以证明其正当性。完全禁止只能在最小损害的分析层面才能获得宪法上的正当性,也就是说立法能够证明只有完全禁止才可能达成目的。完全的禁止是对权利的彻底限制,其正当性论证相对困难。一项完全禁止某行为的立法如果导致对婚姻自由的否认,很难证明对于婚姻自由的侵害是最小的。在现实生活中,很多近亲之间的男女要求结婚是基于两人之间的情感,为此可以终生不育。再加上收养制度以及人工生育技术的发展,这种纯粹以爱情为基础的婚姻更有了现实的存在空间。即便是为了避免近亲生育的后代患遗传性疾病,也应该考虑要求结婚的近亲之间是否有生育的意愿和打算。如果民间以往存在的表兄弟姐妹的结合,只结婚不生育,符合双方的意愿,对他人和社会没有危害,为何不在立法设计上为其留下一种选择呢?至少这种选择是对双方婚姻自由损害较小的一种选择。因此,完全禁止近亲结婚并非是损害最小的一种方式。

五、"离婚冷静期"对婚姻自由的限制及其合宪性论证

《民法典》第1077条规定:"自婚姻登记机关收到离婚登记申请之日起三十日内,任何一方不愿意离婚的,可以向婚姻登记机关撤回离婚登记申请。前款规定期限届满后三十日内,双方应当亲自到婚姻登记机关申请发给离婚证;未申请的,视为撤回离婚登记申请。”该条款规定的内容被称为“离婚冷静期”，引发了公众极大的关注和争议。根据《关于〈民法典（草案）〉的说明》，这一制度安排的目的在于让因情绪冲动而决定离婚的夫妻能够有一定时间冷静思考，避免因为一时冲动而作出令自己后悔并影响其他家庭成员的决定，进而维护婚姻关系和家庭关系的稳定。而反对意见则主要集中在这一规定有干涉婚姻自由之嫌，不利于保护妇女的权益。更何况，离婚率受到诸多因素的影响，冷静期的设置在经验上也未必能够降低离婚率。① 那么，“离婚冷静期”制度符合我国宪法的价值基础和规范体系吗？

就婚姻自由而言，法律以及其他法规范中对公民行使婚姻自由都规定了限制性的内容。如前文所述，理解婚姻自由的限制以及该限制的合宪性，需要从以下几个方面展开。首先，解释该项行为是否落入婚姻自由的保护范围，这就是婚姻自由作为一项基本权利本身的内容为何，是否可以将所涉及的事实涵射到婚姻自由的保护范围之中。其次，考虑婚姻自由所保护的法益是否受到该规定的限制。最后，从形式和实质两个角度对该限制进行合宪性审查。前者主要是从法律保留的角度分析，后者主要是运用比例原则。下文将依循这一框架，从基本权利“限制的限制”角度出发，对“离婚冷静期”是否对宪法所保护的婚姻自由构成限制及其限制的合宪性进行分析，以期明确婚姻自由的基本权利属性及其与其他价值的平衡，为《民法典》的实施和发展提出建议。

---

① 参见夏沁：《民法典登记离婚冷静期条款的解释论》，载《法学家》2020 年第 5 期。

（一）婚姻自由的保护范围

婚姻是一种关系持续的状态，这种状态从婚姻关系的形成，到婚姻关系的维持，再到可能出现的婚姻关系的解除，即结婚—婚姻关系的维持—离婚这样一种持续性状态。[①] 因而婚姻自由的保护领域贯穿整个婚姻从缔结到存续过程再到解除的过程。换言之，婚姻自由的保护范围包括结婚自由、婚姻关系存续中婚姻实体与双方权利的保护，还有离婚自由。"离婚冷静期"在程序上给已达成离婚合意的夫妻设置了障碍，要求在其提出离婚申请之后等待 30 天，才能取得离婚证使其婚姻关系终结的事实获得法律认可，而非直接在其提出离婚申请之时就即刻颁发离婚证。因此"离婚冷静期"所涉及的离婚自由落入公民婚姻自由的保护范围之内。

（二）"离婚冷静期"对婚姻自由的保护性限制

接下来需要判断"离婚冷静期"这一规定的实行是否对婚姻自由构成了限制或干预。根据较为有代表性的德国传统宪法理论，如果国家行为对公民基本权利产生了"命令性影响"，那就是基本权利被限制或侵害。相应特征分析主要可以从以下几个角度进行：目的性，该限制行为是否有意为之；直接性，限制效果可因国家措施而直接实现；规制性，该限制行为是具有法律行为的国家措施；强制性，必要时以国家强制力为保障而贯彻实施。[②]

"离婚冷静期"是国家为达成特定目标，采取立法的方式，对公民在以登记离婚的方式解除婚姻关系时，科以程序上的特殊要

---

① 参见张春生、宋大涵：《保障保护婚姻自由的一个重要方面》，载《法学研究》1981 年第 4 期。

② 参见李建良：《基本权利理论体系之构成及其思考层次》，载《人文及社会科学集刊》第 1 期（1997 年）。

求,否则将无法获得离婚的现实效果。这项制度设计与立法目的之间有着直接的因果关系,并由国家采用强制性的方式促成其推广实施,构成了对于婚姻自由的保护性限制。

(三)"离婚冷静期"的合宪性论证

如前文所述,离婚自由落入婚姻自由的保护范围,"离婚冷静期"这一制度安排对婚姻自由构成了限制。以下将从形式意义和实质意义两个角度对上述限制的合宪性进行论证和判断,具体从法律保留原则和比例原则两个角度分别展开。

1. 形式审查

法律保留原则是指对公民基本权利的限制需要有法律的明确规定。换言之,只有经过立法者的同意和审慎的制定程序,并且形成法律之后,才可以限制基本权利,以强化限制的民主正当性基础。这也是法治原则的必然要求。这里的"法律"是指"形式法律",即全国人大及其常委会制定的法律。《民法典》由第十三届全国人大第三次会议通过,是中华人民共和国成立以来第一部以法典命名的法律,是具有基础性的民事法律规范。由此可见,《民法典》"婚姻家庭编"所明确的离婚登记程序方面的内容,符合法律保留原则,并具有明确性,满足形式合宪性的要求。

2. 目的正当性

这一环节需要考查基本权利限制所要达到的目的。因为特定基本权利的行使会对其他基本权利,或者宪法所要保障的其他公益带来影响,因而要在该权利所能带来的私人利益和可能侵及的公益之间进行调和。而"目的正当性"审查正是判断该限制手段所要达到的目的是否为宪法所要保护的公益。对于公权力行为，既要进行手段上的审查，也需要进行目的审查。[①] 以下结合宪法婚姻家庭条款的价值，对"离婚冷静期"的目的和功能进行分析，判断其是否具有社会公益性。

"离婚冷静期"制度，主要针对的是现实生活中逐渐增多的轻率离婚现象，这种现象不利于婚姻家庭的稳定。[②] 我国当下不断攀升的离婚率，引发了民众的焦虑。离婚行为将导致各种社会成本的额外支出，还会造成对子女教育的负面影响。[③] 因而"离婚冷静期"制度的主要目的在于疏解离婚率增高的焦虑，维护家庭的稳定，发挥婚姻家庭的应有功能。《宪法》第 49 条的规定同样可以为上述目的提供规范依据。第 49 条婚姻家庭条款的规范结构不仅包括婚姻自由，还包括了其他独立又与之联系密切的内容。

（1）家庭价值的维护

《宪法》第 49 条从根本法的角度明确了家庭的基础性地位，以及父母与子女之间的抚养和赡养的义务，体现了家庭这一基础性单位的自足性及其内部成员之间的互助性，以及家庭对国家人口教育任务的分担。家庭观念深刻根植于民众脑海中，赡养父母、抚育子女、保持与其他家庭成员的交流和沟通是大多数中国人的日常生活。从这个角度来讲，家庭在现代社会中的凝聚和保障作用一时难以被取代。它包含了传统的孝道、家庭成员一体、

---

① 参见刘权：《目的正当性与比例原则的重构》，载《中国法学》2014 年第 4 期。

② 参见王晨：《关于〈中华人民共和国民法典（草案）〉的说明》，载《人民日报》2020 年 5 月 23 日，第 6 版。

③ 参见夏吟兰：《对离婚率上升的社会成本分析》，载《甘肃社会科学》2008 年第 1 期；郑锡玲：《我国登记离婚制度的法律反思与立法回应——以离婚冷静期制度为视角》，载《研究生法学》2019 年第 1 期。

家庭自治和生存保障等基本逻辑,共同涵盖每个生命的过程。对于每一个中国人来说,家庭蕴含着生命的原始意义,是中国人的精神寄托和心灵归属。[①] 家庭是个体人生观和价值观形成的重要场域,是一个人与社会相联系的纽带,是一个人在社会中生存所依赖的精神资源。每一个人需要在家庭中才能找到与他人共有的与这个世界的意义关联,在与家人的交流和分享中进一步认知和完善自身存在的意义。这才应该是绵延长久的中国人的生存哲学和生活智慧。

(2)弱势家庭成员的特别保护

我国《宪法》第 49 条还规定了对母亲、儿童、老人等弱势群体的保护。这些规定延续了苏联时期宪法内容的影响。[②] 在苏联以及独立后的各共和国,部分离婚后独居的老年人生活困难,无人照顾,因而在宪法中规定了相关内容。[③] 根据许崇德老师的回忆,我国《宪法》第 49 条在草拟的过程中,报纸报道了社会上很多家庭内部存在矛盾的事例。比如,夫妻离婚之后,都不履行抚养义务,未成年子女因此而陷入生活困境。又如,成年子女不赡养老人,还虐待老人,最终导致老人悬梁自尽,酿成令世人难以接受的悲剧。针对这些家庭悲剧,宪法修改委员会的成员们一致认为宪法必须对家庭关系加以规范,明确家庭成员之间对于彼此最起码的义务。针对这样的社会现象,宪法修改委员会在《宪法》

---

① 参见李拥军、雷蕾:《论我国婚姻家庭关系的伦理价值与立法表达——以〈民法典(婚姻家庭编)〉制定为背景》,载《政法论丛》2019 年第 2 期。

② 参见 1936 年《苏维埃社会主义共和国联盟宪法》规定:“国家保护母亲和儿童的利益;国家对多子女母亲和单身母亲提供帮助。”

③ 参见《世界各国宪法》编辑委员会编译:《世界各国宪法(欧洲卷)》,中国检察出版社 2012 年版,第 672 页。

第49条中增加了第3款和第4款后半句的内容,重申老人和儿童受到国家保护的原则。此类条款具有浓厚的道德气息,对于发展团结和睦、尊老爱幼的家庭关系具有重要作用。[①]

从上述规定来看,国家要为未成年人给予必要的保护,并将此任务课予各个家庭。对于未成年子女而言,生活在父母双全的幸福家庭中,当然是其健康成长的重要条件。而父母的离婚状态若使他们陷入无助中,这就需要国家的介入。[②] 国家应该对家庭提供协助,再以家庭为媒介,提供对于儿童的照顾、保护以及培养,使其在和平、宽容、平等以及和谐的环境中得到抚育和成长。父母对于其婚姻关系的处理决定必须要考虑到该决定是否对处于身心发展相对脆弱阶段的儿童产生不良的影响。《儿童权利公约》指出,儿童应该在幸福和充满理解的家庭氛围中成长和发展。[③] 配偶双方在婚姻关系的存续过程中,对于婚姻、家庭事务的处理,都需要以未成年子女的利益为优先考虑。这是未成年子女的抚养教育义务以及对儿童的特别保护对于父母婚姻自由的限制。

3. 实质性审查

实质意义层面的审查,主要是按照比例原则检视"离婚冷静期"是否对婚姻自由构成过度限制,要求限制手段与由此要实现的目的之间必须有合理的关系。比例原则包括三个子原则:一是

---

① 参见许崇德:《中华人民共和国宪法史》,福建人民出版社2003年版,第807页。

② 参见夏吟兰:《离婚自由与限制论》,中国政法大学出版社2007年版,第127页。

③ 参见《儿童权利公约》第3条第2款规定:"缔约国应该承担确保儿童享有其幸福所必需的保护和照顾,考虑到其父母、法定监护人或者任何对其负有法律责任的个人的权利和义务,并为此采取一切适当的立法和行政措施。"

适当性原则,要求对基本权利的限制手段能够实现特定公共目的;二是必要性原则,要求在可行范围内所有能达到特定目标的措施中选择采用对公民基本权利损害最小的手段;三是狭义比例原则,要求限制手段所欲追求的目的与所损害的私益之间不能存在明显失衡。具体分析如下:

(1)适当性审查

适当性审查旨在判断"离婚冷静期"这一手段是否能实现维护家庭稳定、抑制草率和冲动离婚的目的。适当性标准相对宽泛,只要手段和目的之间存在一定的因果关系即可,因而通常是较容易通过的审查环节。离婚是夫妻关系的终结,但就大多数现实情况而言,其后果的影响范围必然超出夫妻双方,波及子女或其他家庭成员。根据《民法典》第1077条的规定,"离婚冷静期"的实施效果包括:一是使离婚行为不即时发生效力;二是在30日内,任意一方可以使离婚行为永久不发生效力;三是在60日内,需双方再次共同确认才能使离婚行为生效。这一规范方案是以对离婚行为的效力延缓和反复确认为手段的。[①] 在冲动型离婚的情况中,"离婚冷静期"能给一时赌气的当事人一个平复情绪和慎重考虑的时间,以降低非理性因素对其判断的影响,使其可以更正确地评估离婚行为的后果,也给子女和其他家庭成员应有的重视,重建当事人对家庭的责任心,通过婚姻关系的重新修复来维护家庭关系的稳定与和谐。

"离婚冷静期"制度无疑能实现上述目的,符合适当性原则的要求。

---

① 参见申晨:《〈民法典〉离婚登记冷静期的正当性分析》,载《经贸法律评论》2020年第6期。

(2)必要性审查

必要性审查是指在存在多种可以实现目的的方法时,应当选择对婚姻自由损害最小的方法。在这一层次,需要分析既有婚姻家庭制度中的相关规定是否能有效促进上述目的的实现,以及是否存在其他相较“离婚冷静期”而言对离婚自由损害更小的制度选择。

为了对公民离婚事务实行有效管理,我国的登记离婚制度曾采用过介绍信、离婚审查期等做法。例如,1994 年的《婚姻登记管理条例》(已失效)要求当事人申请离婚时提交所在单位或者基层组织开具的介绍信,用以证明当事人的婚姻关系合法,并且规定了 1 个月的离婚审查期。[①] 此后,2003 年颁布的《婚姻登记条例》则取消了上述两项要求。这一变化一定程度上淡化了婚姻登记的行政管理色彩,体现了尊重当事人意思自治和保护离婚自由这一立法理念。离婚登记也不再有程序上的限制,因此有观点认为我国的离婚制度是世界上最自由的离婚制度之一。[②] 当然,只是用离婚制度限制不足这一个原因来解释离婚率上升的现象,难免会有偏颇之嫌。总体来看,离婚率上升是一个由社会经济、文化导向、家庭结构、伦理道德观念以及社会人口结构等多方面因素交织联系发生作用的复合现象,同时是大众生活观念所发生

① 参见 1994 年颁布的《婚姻登记管理条例》第 14 条规定:“当事人离婚的,必须双方亲自到一方户口所在地的婚姻登记管理机关申请离婚登记;申请时,应当持下列证件和证明:(一)户口证明;(二)居民身份证;(三)所在单位、村民委员会或者居民委员会出具的介绍信;(四)离婚协议书;(五)结婚证。”第 16 条规定:“婚姻登记管理机关对当事人的离婚申请进行审查,自受理申请之日起一个月内,对符合离婚条件的,应当予以登记,发给离婚证,注销结婚证。当事人从取得离婚证起,解除夫妻关系。”

② 参见夏吟兰:《对中国登记离婚制度的评价与反思》,载《法学杂志》2008 年第 2 期。

的变化在婚姻关系方面的综合体现。

在《民法典》编纂过程中，中国法学会婚姻法学研究会起草的《民法典（婚姻家庭编）专家建议稿》试图恢复审查期的做法，以此作为缓解冲动离婚的方式。[①] 虽然时间期限都是1个月，但相比“离婚冷静期”而言，“离婚审查期”对于当事人的离婚自由限制更甚。一方面，婚姻登记机关会主要侧重对是否满足离婚条件进行审查，这就意味着当事人离婚是否会得到准许具有相当的不确定性，还会出现这样的情况：假如双方经过1个月的时间重归于好，然而未能将离婚登记的申请及时撤销，那么婚姻关系仍会被解除。另一方面，如果由婚姻登记机关对所提交申请材料的形式审查，但却没有相应渠道来核实离婚协议以及当事人所陈述内容是否真实，那么婚姻登记机关也无法保证其判断的正确性。若出现判断失误导致审查期过长或过短，必然会使当事人的婚姻权利受到损害。[②] 更重要的是，离婚审查期制度将是否解除婚姻关系的判断权交予婚姻登记机关，替代婚姻双方当事人来作出是否离婚的决定，在某种程度上使登记离婚从尊重个人意志的自主模式又回归到依赖行政机关的管理模式。

如前文所述，除了避免冲动离婚和缓解离婚率的攀升，“离婚冷静期”的另一重要目的还在于保护弱势群体，可以有效弥补现有《婚姻登记条例》中对离婚意思表示不真实的一方保护不足的

---

① 参见中国法学会婚姻法学研究会起草的《民法典（婚姻家庭编）专家建议稿》（2017年2月10日版）第43条第2款规定：“婚姻登记机关应当在审查期间内查明双方是否符合登记离婚条件，符合登记离婚条件的，审查期届满后予以登记并发给离婚证。审查期间为一个月。”转引自马忆南：《离婚冷静期是对轻率离婚的限制和约束》，载《妇女研究论丛》2020年第4期。

② 参见马忆南：《离婚冷静期是对轻率离婚的限制和约束》，载《妇女研究论丛》2020年第4期。

缺憾。登记离婚实行的前提条件在于双方当事人具有自愿离婚的真实意思表示。但在现实情况中,往往会出现多种因素导致当事人的想法表达不真实。典型的例子如因一方胁迫、欺诈而缔结离婚协议,又如当事人双方通谋对婚姻登记机关进行欺骗而作出的虚假意思表示等。[①] 假如婚姻登记机关由于能力所限无法及时辨别上述情况,反而直接给当事人当场办理了离婚登记,那么离婚登记即刻起就发生了法律效力。而"离婚冷静期"则可以在一定程度上减少上述情形,使婚姻登记机关查明双方意愿的真实性,为因意思表示不真实而可能受到损害的当事人提供一定的救济途径和时限。

再结合域外相关立法的具体实践进行对比,"离婚冷静期"并非新鲜事物。不少国家的婚姻家庭立法为了避免轻易离婚对家庭价值的威胁,会在离婚程序上增设门槛。例如,韩国的"离婚熟虑期"制度,要求申请离婚者须得到家庭法院的离婚咨询,经过3个月(有需要抚养的人)或1个月(无需要抚养的人)期间来得到离婚意思的确认,同时规定了排除上述规定适用的紧急情形,例如家庭暴力等。[②] 英国设立了反省与考虑期制度,申请离婚者需要参加专业人士组织的信息会议,获得咨询和调解,并强化对于子女的责任意识。信息会议之后的3个月内向法院提出声明,法院为申请离婚者指定9个月甚至更长的反省与考虑期。[③] 从域

---

① 参见夏吟兰:《对中国登记离婚制度的评价与反思》,载《法学杂志》2008年第2期。

② 参见《韩国民法典——朝鲜民法》,金玉珍译,北京大学出版社2009年版,第129页。

③ See White Paper: Looking to the Future: Mediation and the Ground for Divorce (1995),2.37. 转引自杨立新、蒋晓华:《对民法典婚姻家庭编草案规定离婚冷静期的立法评估》,载《河南社会科学》2019年第6期。

外代表性做法来看,“冷静期”的时间更长,程序性条件更为复杂。这样无疑可以给当事人更多的考虑时间,充分思考子女抚养、财产分割和感情处理等问题,但也给当事人解除婚姻关系本身带来更多的限制。相比之下,我国“离婚冷静期”的规定充分尊重了当事人的婚姻自由,可以实现预设目的,并且在方法选择上也注意对婚姻自由侵害效果的控制,符合必要性原则的要求。

(3)狭义比例原则

狭义比例原则要求手段的选择虽为目的实现所必要,但不能对公民基本权利行使造成过重负担。“离婚冷静期”直接带来的公共利益可以归纳为抑制轻率、冲动离婚,给挽救婚姻一个机会,避免子女和其他家庭成员因此而受伤害,促进婚姻家庭关系的稳定和社会的稳定。此外,某些地方的婚姻登记机关已对登记离婚采用类似于“冷静期”的做法,但设置的“冷静”期限以及最终发给离婚证的条件却因地而异。因此,《民法典》的颁布能使“离婚冷静期”在实践中得到统一适用,避免各地在适用条件、内容、期限和结果上的差异。

从另一个角度来讲,公权力对于婚姻自由的主要干预目的是确保当事人意志的真实性,并尽可能确保其动机和决策的理性状态,使双方对其共同生活的体验以及婚姻关系的存续能有明确而成熟的共识,绝非代替双方来进行判断和决定。而 30 天的时长标准来判断当事人的冷静和理性程度,也并非是片面以家庭稳定来压制当事人对个人幸福的正当追求。正是因为婚姻对个人自主和人格发展的重要性,以及离婚这种解除身份关系的法律行为对个人、社会和国家的重要性,给予其更长时间的考虑期确有必要。因此,相比其目标价值,“离婚冷静期”尚未对公民的婚姻自由构成过度限制。

当然，对于其他手段的考量和选择，还需要就离婚率攀升原因进行具体分析，就不同原因采取更具针对性的解决方法。离婚可能是社会政策、社会矛盾等多重因素综合交织的结果，包括夫妻感情确已破裂、草率冲动离婚、规避政策的离婚等。[①]“离婚冷静期”对于草率冲动型的离婚确实可以起到一定的抑制作用；对于感情确已破裂的夫妻在离婚程序上增加了30天的等待期限，也并非是极其严重的损害；而对于因为规避政策而引发的离婚，“离婚冷静期”虽然也可以起到抑制作用，但针对这种类型则应该更多关注各领域社会政策的制定和实施给婚姻家庭造成的影响。与其说是公民采用离婚的方法来达到其他目的，毋宁说是政策制定的局限带来婚姻自由价值在现实中的错位，导致婚姻家庭的失衡与动荡。

（四）“离婚冷静期”适用的合宪性调控

综上所述，登记离婚中的“离婚冷静期”制度设置可以通过形式上和实质上的双重审查，其立法考量意在维护婚姻家庭结构的稳定性，体现婚姻保护的秩序功能，也契合了我国传统文化中强调婚姻家庭稳定和谐的价值观，在当今离婚率不断升高的背景下，显示出毋庸质疑的正当性与合理性。[②] 但是其背后的逻辑链条也并非绝对完整和严密，因而有必要在《民法典》正式实施之后，在适用中对其运作进行合宪性调整和细化，使该制度在实践中的运行更加合理而周全。

---

① 参见王歌雅：《〈民法典·婚姻家庭编〉的编纂策略与制度走向》，载《法律科学（西北政法大学学报）》2019年第6期。

② 参见秦奥蕾：《论婚姻保护的立宪目的——兼回应“离婚冷静期”争议》，载《法学评论》2021年第6期。

1. 综合性的制度建构

基本权利的保障都依赖于制度的完善建构和良好运转。婚姻家庭受国家保护具有的功能之一就是要求立法机关积极建立和维护婚姻家庭制度。这一制度涉及多重社会关系，贯穿家庭建立、家庭关系的维系甚至瓦解之后的整个过程，要解决多个成员之间的权利义务关系，并兼顾多项宪法价值的实现。现代婚姻制度的确立，正是立法机关通过建构和完善相应制度来保护公民婚姻权利的充分实现。

离婚率增长是多重原因导致的，夫妻婚姻关系破裂的原因也是多样的。“离婚冷静期”能缓解的只是“闪离”或者草率型离婚，以及当事人双方的冲动情绪而已。要缓解不断上升的离婚率，还需要采取其他相对精细化的配套措施，比如考虑现代家庭形态的核心化，以及对托老抚幼功能的承担，探索加大税收抵免、税收扣除力度等手段来提高婚姻家庭抗风险的能力[①]；设置相应的调解或者咨询环节，由专业人士给处于“离婚冷静期”内的婚姻当事人提供咨询或者心理疏导服务，在一定程度上促进双方的相互理解和包容，激发对整个家庭和其他家庭成员的责任感，使双方有更多时间相互磨合，为婚姻关系的存续创造机会等。[②] 换言之，维护家庭的稳定性，并充分发挥其在社会发展中的重要功能，是一个多方位的体系性工程，需要多项制度的建构和多种措施的齐头并进，这也是宪法规定婚姻家庭受到国家保护的客观要求。

---

① 参见王军平、翟丽娜：《OECD 国家家庭福利政策实践与启示》，载《北京社会科学》2012 年第 5 期。

② 参见张力：《对离婚冷静期的冷思考》，载《检察日报》2020 年 1 月 22 日，第 7 版。

2. 特殊个案中“离婚冷静期”的限缩适用

正如反对意见所担忧的那样，如果存在家庭暴力、虐待、转移财产等特殊情形，依然不加区别地适用 1 个月的“离婚冷静期”，无疑会对一方当事人的人身权利和财产权利造成侵害。在此种情况下，1 个月的“冷静期”非但无法维护家庭关系的稳定和谐，反而延长了受害一方的痛苦。若实施家庭暴力的一方撤回离婚申请，等于是放纵继续家暴行为，将受害者置于更加危险的境地中。此时追求“离婚冷静期”的统一适用，维护婚姻家庭和谐稳定的目的再无必要，因为婚姻家庭的情感已非常淡漠且无以为继。相反，应该兼顾宪法中对妇女等弱势群体的权益予以特别保护的规定，需要就个案中的事实因素进行权衡分析，在维护婚姻家庭的稳定与保护弱势群体人身财产权利这二者之间作出充分衡量，对 30 天的“离婚冷静期”进行合目的性的限缩适用，以使受到损害的一方尽快摆脱婚姻关系造成的危险。

3. 与其他部门法规范的协调适用

《民法典》的颁行，必将带来相关的行政法规的后续修改和完善。《婚姻登记条例》也需要适时进行与《民法典》婚姻家庭编的原则和规定相一致的修改，以维持婚姻登记的秩序。“离婚冷静期”制度的设立，也需要婚姻登记主管部门的相关行政程序有所调整。婚姻登记的设立并非婚姻自由实现的障碍，而是将婚姻这样相对私人化的事项通过国家承认上升到公共利益的层面，将婚姻这一基础性的社会关系纳入法治化框架中予以保护和调整。与此同时，宪法还对妇女、儿童、老人等特定的家庭成员提供了特别保护，并在立法中予以具体化。例如，2020 年修订的《中华人民共和国未成年人保护法》，就从家庭、学校、社会、网络、政府、司法等多个角度为未成年人构筑起了一道安全保护网。因而对这些主体利益的考量,也需要与婚姻自由的保障进行平衡。

国家对特定家庭成员的保护需要遵守国家辅助性原则,即只有当个人不能凭己之力和家庭成员的互助而维持自身生存和稳定之时,国家才介入对弱势的一方进行救助,解决其生存照顾问题,发挥“国家补充功能”。国内外都以一定亲属间的私法上扶养义务为优先,再由国家来承担补充性的扶助责任。从基本权利保障的实效性角度来看,应该将《宪法》第 49 条中对于特定家庭成员的保护场域予以扩大,不仅仅局限在家庭之中,因为在当代家庭日益核心化、传统功能减退的情况下,社会和国家承担了更多的责任。因而对于家庭特定利益的考量,需要根据不同主体及其权益保护的路径、程序和方法差异,适用相关的社会法规范。

第六章　婚姻家庭制度的挑战及应对

随着社会生活的发展和民众观念的变迁，无论是国际社会还是我国社会的婚嫁家庭观念和家庭生活事实都发生了巨大变化，婚姻制度本身和婚姻自由的宪法内涵面临诸多挑战。婚姻家庭领域的多元化成为普遍趋势，生物科技发展使婚姻功能发生变化，传统观念与新的价值理念并存。比如，在市场经济理性行为逻辑的冲击下，家庭成员之间的亲情逐渐淡化；结婚率下降、离婚率上升导致家庭稳定性下降，婚姻成为财富集中再分配的方式，家庭被物化，其价值内涵发生了错位；婚姻虽然是大多数人的选择，但却不再是人们形成家庭的唯一方式；生殖辅助技术为生育与婚姻的分离提供了更多客观可能性，使婚姻传宗接代的功能弱化；家庭形态不断限缩，传统功能不断弱化。

无论时代和生活格局发生何种变化，婚姻、家庭在中国人的内心深处和精神世界都具有重要的地位。婚姻家庭所受到的挑战，有多元文化对传统观念、传统文化的挑战，有市场经济规则对婚姻家庭秩序和规则的挑战，也有人权理念对传统法学理论和法律制度的挑战。① 在此背景下，强调婚姻家庭本身的伦理价值，注重婚姻家庭的团体性价值和功能，彰显关爱、责任和奉献理念，传播传统文化中的善良风俗和家庭美德，就应该成为未来构建中国特色婚姻家庭制度的价值选择。②

一、家庭的代际传承功能重塑：以家庭教育促进法为例

中国人一向重视家庭在个人成长和发展过程中的重要意义。2021 年 10 月 23 日，第十三届全国人大常委会第三十一次会议通过了《中华人民共和国家庭教育促进法》（以下简称《家庭教育促进法》），立法明确了家庭教育的定位，对既有法律和政策内容进行了有机整合，充分吸纳了地方立法的经验，规定了家庭教育工作应该坚持的原则，从“谁来教”、“教什么”、“怎么教”以及“谁来管”等几个方面重点回应了现实中长期制约我国家庭教育发展的主要问题，从家庭责任、国家支持、社会协同等维度描绘了家庭教育的法治图景。相较于草案，最终的法律文本删除了针对怠于或者不当履行家庭教育责任的父母的罚款、拘留等处罚措施，以避免国家对家庭教育的过度介入，体现了国家支持者和服务者的角色，呈现出以正向激励为主的特点，突出了其促进型立法的特色。

---

① 参见夏吟兰：《民法分则婚姻家庭编立法研究》，载《中国法学》2017 年第 3 期。

② 参见夏吟兰：《婚姻家庭编的创新和发展》，载《中国法学》2020 年第 4 期。

(一)家庭教育促进法的宪法基础

宪法规定对家庭关系进行了基础性的建构和引导,确保家庭符合现代国家的价值目标和发展方向。一方面,已有学者对家庭教育立法所涉及的具体宪法条文进行了法教义学的分析,或明确了立法者创设家庭教育法制的宪法义务,或将家庭教育权界定为基本权利,并对国家对家庭教育的介入进行了合宪性审查的推演①,既有研究成果对于家庭教育促进法的依据分析具有重要的理论价值。另一方面,相较于学校教育和社会教育,家庭教育具有特殊性,需要探讨其在法律框架中的规范内涵。现行《宪法》第46条规定了受教育权是公民的基本权利。第49条对国家对家庭及其成员的保护义务、家庭成员之间的基本关系,尤其是父母与未成年子女之间的关系作了明确规定,将家庭的基础性价值,以及父母对未成年子女的教育义务上升至根本法层面予以规定,为家庭教育立法提供了明确而直接的宪法依据。家庭教育关涉未成年人的受教育权和父母的家庭教育权,需要在家庭价值与现实的公民受教育权保障之间反复推敲,通过对宪法规范的诠释,来理解家庭教育促进法的根本法依据,进而形成一个宪法规范和法律规范有机协同的实施体系。

家庭教育主要表现为父母对子女实施的教育活动和其他影响。基于天然血缘的延续,父母是抚养儿童的最佳人选。父母对子女的照护和陪伴,以及在精力、情感上的投入,有利于双方相互关系的维护和发展。换言之,对未成年子女进行家庭教育是父母

---

① 相关研究可参见倪洪涛:《我国家庭教育国家立法的宪法依据》,载《湖南师范大学教育科学学报》2021年第5期;叶强:《论作为基本权利的家庭教育权》,载《财经法学》2018年第2期;叶强:《论国家对家庭教育的介入》,北京大学出版社2018年版。

的天然职责。《宪法》第 49 条第 3 款规定："父母有抚养教育未成年子女的义务，成年子女有赡养扶助父母的义务。"这一规定是现代家庭中父母与子女间关系的集中体现，为家庭教育立法的主体内容提供了直接依据。这一规定旨在强化父母对子女成长所承担的教养义务，也是家庭基于其功能而对国家人口教育任务的分担。该规定还体现了宪法为维护和谐家庭关系的目标，将中国自古以来以"父母之慈子女之孝"为精神内核的家庭秩序提升至以根本法和最高法来维护的传统价值。

我国《宪法》第 49 条对父母教育未成年子女的活动采用了义务性的设定，但不能否认父母教育未成年子女活动背后的权利内涵。首先，第 49 条的规定已为家庭教育权作为基本权利提供了形式上的规范依据。第 49 条第 3 款采用了义务性的表述，属于一般宪法义务，是在社会国家理念关照之下，国家为了实现其发展目标而要求公民个人必须履行的责任，构成对公民基本权利的限制，从属于基本权利的规范体系。① 这是与基本义务规范的区别所在。其次，父母意图通过家庭教育和未成年子女之间建立亲密的联系，这"为父母权利成为基本权利提供了一种动机"。② 家庭寄托着个体之间的情感，家庭教育承载着家风的传承、亲情的延续、代际之间的互动，会形成人格最深层、最私密也是最核心的自我认知。因而家庭教育对于人的发展和影响至关重要，也必然是父母与子女之间极为特殊的内在认同关系。最后，人权入宪带来了价值观更新，"为整个基本权利章的解释提供了新的评价关

① 参见姜秉曦：《我国宪法中公民基本义务的规范分析》，载《法学评论》2018 年第 2 期。

② 参见叶强：《论作为基本权利的家庭教育权》，载《财经法学》2018 年第 2 期。

联”。[①] 在宪法的视域中，一幅理想的家庭生活图景中必然是由鲜活而生动的个体构成。个人的自我探索、人格的完善与发展、心灵的休憩与慰藉，都与家庭成员的互动关系密切，这些都与人格尊严这一宪法核心价值的实现密切相关。[②] 因此，应该承认父母家庭教育权的基本权利属性，将其置于在宪法所确立的价值框架中予以规范和保障。

基本权利具有主观权利和客观价值秩序的双重属性。一方面，家庭教育权具有对抗国家干预的防御权面向，突出了公民个人凭借自由意志而行动，并以为自身行为负责和排除他人干涉为目的。具体而言，家庭教育权要求国家尊重父母对未成年子女开展家庭教育活动的自主决定权，允许父母根据具体情况自行处理其家庭内部的教育事宜，包括家庭教育活动的具体内容、方式与程序等事由，均免受来自他人以及国家的干预。在这样的理念指引下，个人价值和个人能力受到最大限度的尊重，国家需要相信父母作为独立而成熟的个体，足以作出符合子女最佳利益和家庭自身情况的选择和判断，比如，国家应该尊重家庭是否接受家庭教育指导或者帮助的选择，不得过度干涉家庭教育的活动领域等。另一方面，由于家庭教育对于国家的价值同样重要且不可或缺，家庭教育权也具有客观价值秩序的功能，是对于整体家庭教育相关法领域具有拘束力的价值决定，要求一切公权力机关受此约束，国家需要运用所有可能的手段来促进和实现宪法对家庭教育权的保障。至于采取何种保护措施、如何建立并完善家庭教育

---

① 参见张翔：《基本权利的体系思维》，载《清华法学》2012 年第 4 期。

② 参见邓静秋：《厘清与重构：宪法家庭条款的规范内涵》，载《苏州大学学报（法学版）》2021 年第 2 期。

制度,立法者则具有广泛的形成空间。

(二)促进家庭教育的国家义务之展开

宪法规范课以国家创设法律制度保障公民权利的义务,而家庭教育的发展也高度依赖立法者基于社会发展状况的形塑能力和建构能力,从地方到全国性立法即为该义务履行的集中体现。截至全国人大常委会正式通过《家庭教育促进法》之前,已有10个省、直辖市相继出台了促进家庭教育发展的地方性法规①,其中富有成效的做法也在全国性立法中得到了承继。反观这一过程,意义在于:其一,要实现"建设社会主义法治国家"的宪法目标,地方的意义非同寻常,应充分尊重地方的法治潜力和法治资源。地方法治是"积累强制、教化、统领、整合等国家基础能力的平台"②。国家法律的实施也需要嵌入到多样的地方格局中,为地方权力的运行提供合法性并保障地方法治的发展。其二,家庭教育促进法的实施需要尊重地方根据当地特点采取因地制宜的方式。家庭教育事业在形式上的规范化虽然能够以立法较快完成,但法治文化和法治观念的塑造则需要更精细的谋划和更长期的转变。各级地方政府的投入和支持也会因其地域特征、经济发展和财政资金等有所区别。应允许地方之间在保障方式和程度等方面的合理差异,减少法治表现形式上的同质化,使促进家庭教育国家义务的实现获得制度创新的充分激励和必要空间。

1. 以促进型立法的形式减少对家庭的干预

"促进"旨在推动某项事业发展或者某种社会秩序的形成,

---

① 截至2021年1月底,安徽、重庆、福建、贵州、湖北、湖南、江苏、江西、山西、浙江10个省、直辖市制定了家庭教育促进条例。

② 于文豪:《论建设社会主义法治国家中的地方》,载《法学家》2020年第4期。

以引导、推动、鼓励、倡导、扶持和奖励为主要手段。促进型立法更多强调政府的服务功能,多采用倡导性规范、任意性规范、授权性规范和鼓励性规范①,能有效适应经济社会多元化发展和政府职能转变的需要,是对传统管理型立法的重要补充。10部地方性法规均采用了"家庭教育促进条例"的表述方式,规定了政府支持家庭教育发展的相关措施,强调和鼓励社会的参与,并尊重家庭主体性的发挥。全国性立法的一审稿命名为《中华人民共和国家庭教育法(草案)》,自二审稿更名《家庭教育促进法(草案)》,最终通过的文本中亦保留促进法的名称,明确了促进型立法的定位。如前文所述,家庭受到国家保护的首要功能是防止公权力的不当和过度干预,家庭教育也应首先强调其自主性,国家的介入应慎之又慎,而促进型立法则有效淡化了国家介入行为的强制性色彩,能在一定程度上减少该立法对公众传统心理和既有认知的冲击。

从家庭教育促进法的内容来看,促进型立法的法律规范主要表现为以下几类:一是立场宣示类,申明对家庭教育发展的基调和政策方向。例如,《家庭教育促进法》第4条规定国家和社会为家庭教育提供指导、支持和服务;第11条规定国家鼓励开展家庭教育研究等。二是道德提倡类,在法律规范中对父母的道德义务予以确认和强调,引导家庭成员积极遵守家庭美德,进而在全社会倡导和培育社会主义核心价值观。例如,第3条规定家庭教育要弘扬中华民族优秀传统文化、革命文化、社会主义先进文化;第16条规定父母要教育未成年人崇德向善、尊老爱幼等,培育其社会公德和家庭美德。三是奖励扶持类,包括资金扶持、税费减

① 参见李艳芳:《"促进型立法"研究》,载《法学评论》2005年第3期。

免、提供相应优惠条件等。例如,第12条规定国家对为家庭教育事业进行捐赠或提供志愿服务的自然人、法人和非法人组织,依法给予税收优惠;第36条规定县级以上地方人民政府及相关部门可采取政府补贴、奖励激励等扶持措施。

当然,促进型立法和管理型立法并非截然二分,而是"刚柔并济"。促进型立法中也需要管理性和约束性的条款,通过规范管理达到推动和促进某种社会秩序形成的目的。家庭教育促进法的规定中也不乏必要的管理手段,例如《家庭教育促进法》第50条对负有家庭教育工作职责的政府部门自身行为的规范和责任设定即为此例。促进型规范和管理型规范共同为家庭教育事业发展和提升促进型立法的实效性提供保障。

2. 界定家庭教育的概念并适度拓展其内容范围

前期讨论中,学者们对于家庭教育促进法采用的"家庭教育"概念存在广义和狭义之争。狭义的家庭教育是指在家庭生活中,由家长主要是父母对子女及其他年幼者实施的教育和影响。广义的家庭教育则是指在家庭生活中,家庭成员之间互相实施的影响和教育。[①] 狭义的家庭教育重心是未成年人,广义的概念则将家庭教育对象扩展至所有家庭成员,强调家庭的整体建设,教育内容包含了亲职教育、伦理教育、婚姻教育等多种类型。根据教育学者的观点,在家庭中,父母对孩子、孩子对父母、年长者对年少者以及年少者对年长者,不论是有意识的还是无意识的,能够促进人的知识、智力、体力,影响人的思想品质的活动都是家庭教育。10部地方性法规均采用了狭义的家庭教育概念,这一做法在全国性立法一审稿、二审稿和最终文本的第2条中都得到了

---

① 参见何俊华、马东平:《家庭教育学》,清华大学出版社2017年版,第6页。

延续[①],体现了相对稳妥的立场。主要原因可能在于我国家庭教育工作一般倾向于围绕未成年人开展,而协调所有的家庭资源,扩大接受教育的家庭成员主体则会产生较大的成本。[②] 因而该做法具有一定的现实基础,符合保护未成年人受教育权和父母家庭教育权的目的。

同时,家庭作为基本的社会细胞,其稳定性对于社会整体的提升和文明进步同样具有不可或缺的意义,这也是立法者试图通过强化家庭教育的作用而达到的更深远目的。如何当好父母或者家长,也是一门需要研习的课程。我们很难要求一部立法就能塑造出完美的父母。法律也很难强制家庭成员如何表达爱,以及父母应该如何给予爱。换言之,国家需要通过提供相应制度性保障以确保父母具有行使家庭教育权的能力,其典型表现是建构和完善相应的家庭教育指导服务体系。《宪法》第49条的表述包含了对家庭整体,以及各家庭成员的特别关注,而家庭所具有的代际情感沟通功能以及不同个体间的互惠协助传统同样涵盖其中。因此,地方性法规和家庭教育促进法都对父母学习家庭教育知识提出了要求,将对父母的教育也纳入家庭教育的视野中,并有机融入具体的规定中,进而丰富了家庭教育的受益群体。相信家庭

---

① 参见一审稿第2条规定:"本法所称家庭教育,是指父母或者其他监护人对未成年人实施的、以促进其健康成长为目的的引导和影响。"二审稿第2条规定:"本法所称家庭教育,是指父母或者其他监护人为促进未成年人健康成长,对其实施的道德品质、知识技能、文化修养、生活习惯等方面的培育、引导和影响。"《家庭教育促进法》第2条规定:"本法所称家庭教育,是指父母或者其他监护人为促进未成年人全面健康成长,对其实施的道德品质、身体素质、生活技能、文化修养、行为习惯等方面的培育、引导和影响。"

② 参见罗爽:《我国家庭教育立法的基本框架及其配套制度设计》,载《首都师范大学学报(社会科学版)》2018年第1期。

所承载的多样性价值可在未来的立法活动中得到体现,实现“家庭教化甚至治理功能的整体提升”。①

3. 明确家庭教育事业中父母与国家的责任分配

家庭(父母)、政府、学校、社会在家庭教育事业中各自承担着不同功能。多数省市的地方性法规和全国性立法都按照上述不同主体的角色、责任和义务设计了立法体例。例如,《安徽省家庭教育促进条例》除第一章“总则”和最后两章“法律责任”“附则”之外,其他章节分别为“政府主导”“家庭实施”“学校指导”“社会参与”。《江苏省家庭教育促进条例》也采用类似体例,只是将政府作用设定为“推进”。从字面含义来看,“主导”将政府置于主要且引导的地位,统领家庭教育事业的全局;“推进”则将其置于辅助或相对次要和从属的地位,助力家庭教育的展开。全国性立法一审稿从家庭教育的实施、促进、干预等各个环节展开,比如实施环节以父母为主体,明确了父母对未成年子女有实施家庭教育的权利和义务,但重在“义务”方面的规定,“权利”面向则无更多内容;在“促进”环节,从财政支持、信息化平台的建设、家庭教育专业指导服务的提供、特殊家庭的重点关注和指导、家庭教育的监督管理等环节,都强调了政府不可替代的作用。全国性立法二审稿则采用了“家庭—国家—社会”的立法体例,明确了父母实施家庭教育的主体责任,国家则退居支持者的地位,并充分发挥社会力量的作用,并在最终文本中保留了这一体例。

从地方性法规到全国性立法,都无一例外地规定了父母作为责任主体,应该履行的多重义务。从即将成为父母时即接受家庭

---

①　参见刘丽、邵彤:《我国家庭教育地方立法的经验与不足——兼评〈中华人民共和国家庭教育法(草案)〉》,载《湖南师范大学教育科学学报》2021年第3期。

教育指导服务，再到作为父母时承担的多种教育义务，甚至到丧失抚养权时应该如何对子女负担教养义务，都有周延的规定，也充分体现了立法者对于介入家庭的审慎和克制，以尊重家庭教育事务中的自主形成过程和家庭的基本架构与组织体系。这样的考虑充分体现了国家辅助性原则。根据该原则，当个人不能凭一己之力维持自身生存和稳定之时，国家权力才介入，解决社会成员的生存照顾问题，发挥"国家补充功能"。据此，公民个人及其家庭的自主决定和发展，以及相关自助活动应当优先于国家行为，国家对于家庭的照护是辅助性的，而非主导性。具体到家庭教育上，教育内容、方式、程度，甚至接受何种指导服务在原则上应该由家庭成员自主决定。只有当家庭因物质条件、特殊困难等原因无法在家庭教育事务上自我帮助和自我实现时，国家才提供相应给付，例如《家庭教育促进法》第29条和第30条就规定了对困难家庭、留守未成年人和困境未成年人家庭的帮扶和支持。

（三）家庭教育促进法的实施路径

法律实施是指法律的具体条文规定及其原则精神在现实生活中的贯彻落实，是国家机关、社会组织和公民个人在现实生活中遵守和适用法律的整体性活动。在法律的运行系统中，立法活动是基础和起点，而法律的实施旨在回答如何"使法律转化为现实生活，从而实现法律对社会生活的调节与控制"。[①] 以上分析了家庭教育立法的最高法依据和最终价值来源，以及国家履行促进家庭教育义务的具体展开，对家庭教育促进法的解读还需要对其实施路径进行前瞻性的探索。

---

① 参见南同茂：《论法理学的学科性与科学性》，载《当代法学》2000年第1期。

1. 实现与其他法规范和政策体系的有效衔接

家庭教育促进法由一系列政策转化和升华形成，明确了家庭教育规范化发展的基本框架和未来方向，宏观性和概括性较强，对具体事项、手段和措施的规定较少，因而其实施依赖于相关法律、法规、规章和配套措施的协同跟进。可从三个层面考虑家庭教育促进法与其他教育立法的衔接：一是教育法典的编纂研究。教育法的法典化是我国教育立法的必然趋势①，是完善教育法治的重要机遇。如何看待家庭教育在法典中的定位，与其他教育立法实现有机整合，则是需要进一步思考的话题。二是法规规章和政策的细化。针对家庭教育促进法中的原则性规范，应进行细化和补充。例如，教育、民政、卫生健康和市场监管部门对家庭教育指导服务机构及从业人员的管理和监督规范；《家庭教育促进法》第48条规定基层群众自治组织、妇联、父母所在单位等可以对父母采取批评教育、劝诫制止和督促等干预手段，而是否干预的判断标准是"发现父母或者其他监护人拒绝、怠于履行家庭教育责任，或者非法阻碍其他监护人实施家庭教育"。这一干预的启动标准比较原则化，相关部门应在实施中结合《家庭教育促进法》第6条的内容②，增强其可操作性，列举可干预的情形，严格把握介入私人生活领域的尺度。三是地方立法的具体落实。例

① 参见马雷军：《论我国教育法的法典化》，载《教育研究》2020年第6期。

② 《家庭教育促进法》第6条规定："各级人民政府指导家庭教育工作，建立健全家庭学校社会协同育人机制。县级以上人民政府负责妇女儿童工作的机构，组织、协调、指导、督促有关部门做好家庭教育工作。教育行政部门、妇女联合会统筹协调社会资源，协同推进覆盖城乡的家庭教育指导服务体系建设，并按照职责分工承担家庭教育工作的日常事务。县级以上精神文明建设部门和县级以上人民政府公安、民政、司法行政、人力资源和社会保障、文化和旅游、卫生健康、市场监督管理、广播电视、体育、新闻出版、网信等有关部门在各自的职责范围内做好家庭教育工作。"

如，各省制定相应的家庭教育指导服务工作规范和评估规范；对家庭教育指导机构的确立程序等。

2. 创新家庭教育指导方式

如前文所述，立法者在本阶段采用了狭义的家庭教育概念，形成“父母—未成年子女”的单向维度，重点关注父母“应该教”以及“如何教”，避开了广义家庭教育中父母与子女之间双向互动的层面。但家庭教育促进法中的多项规定依然体现了立法者对于父母和其他家庭成员自身素质和教育能力的重视，例如要求父母自孕期到子女进入学校的各时段都应该自觉学习家庭教育知识，有关部门和家庭教育指导机构为父母提供相关指导等。换言之，立法者并没有忽视父母和其他家庭成员在不同人生阶段的自我教育。该制度设计使家庭教育的内容更加丰富，参与主体和受益群体更加多样，也为未来家庭教育内涵的逐步扩展充分预留了制度空间。因此，在倡导终身教育、终身学习和学习型社会建设的大背景下，可允许各地根据实际情况，采取多样化的家庭教育指导方式，丰富家庭教育指导的内容，培育以父母需求为导向的家庭教育指导项目，形成全覆盖、多方位、多样化的家庭教育指导服务，例如，开办家长学校，拓展家庭教育网上资源平台，开发家长训练课程和相关教材，提供专门的家庭教育项目，开展一对一的家庭教育指导等。[①] 鼓励每一个家庭成员参与到家庭教育之中，全员互为教育者和学习者，使未来家庭教育的实施主体从“年长一代”拓展到“家庭全员”，家庭教育的实施过程从“单项传递”进阶为“交互联通”，家庭教育的实施影响从“未成年子女成

① 参见叶强：《家庭教育立法应重视“提升家庭教育能力”》，载《湖南师范大学教育科学学报》2021 年第 3 期。

长”延伸至“家庭整体建设”，真正实现增进家庭幸福与社会和谐的立法目的。

3. 做好促进型立法实施的监督和评估

法律实施的效果重点关注的是因该法律实施带来的目标群体状况或者全社会状况的改善和作用。促进型立法容易受到法律责任虚化、措施力度偏软等方面的质疑，进而使其权威性和实效性遭到质疑。因此，加强对家庭教育促进法实施过程的监督也是贯彻落实全面依法治国要求的体现。监督的重点应集中于各级政府和教育行政部门对其法定职责的落实，强化对工作任务、责任细化、实施步骤、措施设立和完善等环节的把控，设立相应的考核评价制，建立和完善社会公众诉求的受理和反馈机制，以此落实政府各部门的主体责任。还应及时关注相应政策环境的变化，及时总结促进措施的实施效果，适时开展相应的立法后评估工作。鉴于儿童教育本身的专业性，可以适时引入法律制度实施效果的中立第三方评估机制，由立法机关委托专业性的评估团队，如高校、科研机构或社会组织等，通过科学客观的指标选择与程序设置，对家庭教育促进法实施过程中所产生的各方面效果作出全面反映。就评估内容而言，可以考虑将家庭教育促进法的实施细则、家庭教育法治意识的提升、教育行政部门的执法能力、家庭教育指导机构的管理规范等要素纳入其中。通过相关信息收集和数据分析，综合社会公众的监督反馈，对家庭教育促进法中重要制度措施的贯彻落实、相关责任主体的守法情况、家庭教育指导行业的规范发展进行评估分析，提升家庭教育促进法的实效性，真正引起全社会对于家庭教育的重视，提升父母的家庭教育能力，促进家庭教育现代化的实现。

二、老龄化社会背景下特定家庭成员的权利保障:以母亲的权利为例

随着我国老龄化社会的到来和“三孩政策”的推进,家庭的生育数量空间更为宽松。但这一政策使作为生育主体的育龄女性面临一定的挑战,主要是“工作—家庭”冲突。基于传统的性别分工,男性出外狩猎,女性在家采集和养育后代。这种“两分领域”观念成为处理家庭与性别关系的准则,女性负责家庭内部事务,男性则掌控家庭领域之外的所有公共事务。[①] 一般认为,女性情感丰富细腻,其感受性高于男性,因此女性在养育未成年人方面具有天然的优势。[②] 一方面,婴幼儿早期主要是生理方面的需要,母亲敏感细致,能够对婴幼儿传递出的信号作出及时的反应,符合儿童早期的基本需要,能促进婴幼儿安全感的获得。另一方面,随着儿童的成长,其情感性需要增加。母亲在与儿童进行沟通和情绪安抚的过程中能表现出更多的移情性理解,在很大程度上满足儿童的精神性需要,有利于儿童积极品质的形成。[③] 总之,在大众的视野中,母亲的情感更加丰富细腻,能够给予子女更多的关爱、理解和包容,进而满足儿童的情感需要,发展其爱的能力。

(一)母亲面临的“家庭—工作”冲突

随着社会发展,国家经济发展对劳动力的需求不断增加。18

---

① See Danaya C. Wright, *Well-Behaved Women Don't Make History: Rethinking English Family, Law, and History*, WIS. WOMEN'S L. J. ,Vol. 19, 2004, p.236 – 237.

② 参见[英]安妮·莫伊尔、戴维·杰塞尔:《脑内乾坤:男女有别之谜》,梁豪、邵正芳译,上海译文出版社2003年版。

③ 参见廖芳芳:《母亲角色定位行为模式的构建》,载《教育观察》2020年第20期。

世纪后期,女性开始走出家庭,接受教育,更多地参与到公共生活中。[①] 在某些西方国家,政府一方面鼓励市场经济的发展,另一方面削减社会福利开支,国家经济发展以及照护子女的双重负担被寄托在母亲身上。这种"事业型母亲"的形象符合国家发展的需求,但却掩盖了母亲背后的困难挣扎。媒体在此过程中强调女性在资本主义经济发展中的重要性,同时根据天然的性别差异论将子女照护的责任也划给母亲,鼓吹足够自信的女性能够成功将"母亲"和"职员"这两个角色进行有机结合和有效平衡。[②] 莎妮·奥加德教授(Shani Orgad)曾在《回归家庭:家庭、事业与难以实现的平等》(Heading Home: Motherhood, Work, and the Failed Promise of Equality)一书中,勾勒出二十世纪中叶到二十一世纪初已婚妇女的形象演变:二十世纪五六十年代以来,社会的结构性力量将妇女推入厨房,迫使她们放弃自己的事业和梦想,成为别无选择的"俘虏式妻子"(captive wife);二十世纪八九十年代,发达国家将"工作与生活相平衡"作为政策话语的重心,要求妇女将追求事业成功和照顾家庭相结合,"超级妈妈"即事业型的母亲风格迈入公众视野,妈妈们不仅有工作在肩,在子女的日常生活照料和文化启蒙方面也不能缺席,她们飞奔于家庭与工作之间,成为"头发飞扬的妇女";世纪之交,妇女看似"拥有选择一切"的个人自由并享受着女性解放,但工作和家庭的激烈冲

---

① See Richard Chused, *Married Women's Property Law*: 1800 - 1850, GEO. L. J., Vol. 71, 1983, p. 1415.

② 参见曹晋、曹浩帆:《高学历全职妈妈与英国当代父权制的再建构——评莎妮·奥加德的〈回归家庭:家庭、事业和难以实现的平等〉》,载《妇女研究论丛》2021年第3期。

突以及妇女在其中的努力和挣扎却被隐没了。[①]

再将目光转移至我国的历史传统和社会现实中。自古以来的父权思想,将“相夫教子”“生儿育女”视为女性的天职,也将女性的生活重心局限在“家庭”之内[②],形成基于两性自身特征的“男耕女织”型社会分工。自近代妇女解放运动开始,女性逐步投身到革命和建设的热潮中。城市中的知识女性接受了自晚清以来的启蒙宣传,积极追求自由解放,并且利用城市相应的社会基础,进入工厂、医院、学校等公共机构工作,获得经济上的独立。相比之下,农村女性很少接受教育,也缺乏相应的工作环境和机会去追求个人独立或者参与政治。[③] 中国共产党立足于农村女性的现实情况,思想宣传和制度设计并重,在农村革命根据地制定并适时修改婚姻家庭法律,使农村女性不再被禁锢在家庭之内,可以走出家门参加各种妇女识字班或妇女会议,进而摆脱家庭的束缚,支持并参与到根据地建设和革命事业中。

但是,从妇女解放到投身革命,从摆脱家庭到发挥“半边天”的作用,从“全职妈妈”到“职场母亲”的演变轨迹,女性都没有摆脱照顾家庭的“后顾之忧”,母亲所要承担的照料抚育任务并未减少。相反,其肩上的担子愈加沉重,而双重重压之下母亲的身心感受及其权益保障所面临的困境却被忽视。职业女性一旦投

---

① See Shani Orgad, *Heading Home*: *Motherhood*, *Work*, *and the Failed Promise of Equality*, Columbia University Press, 2019, p. 31 – 61. 转引自曹晋、曹浩帆:《高学历全职妈妈与英国当代父权制的再建构——评莎妮·奥加德的〈回归家庭:家庭、事业和难以实现的平等〉》,载《妇女研究论丛》2021 年第 3 期。

② 参见郭玲惠:《女性劳动政策与法规范》,载《月旦法学杂志》第 59 期(2000 年)。

③ 参见伊卫风:《通过法律对女性的社会动员——中国共产党与 1949 年之前婚姻家庭法律在农村的实践》,载《法学家》2021 年第 5 期。

身于履行家庭母职，那么她自己追求的职业前景和发展必然会受到影响。两者兼顾且能取得双赢的女性少之又少。因此，采取积极的手段和方式平衡女性劳动者在家庭与职场之间的紧张关系，鼓励男女两性共同承担抚育责任，关注母亲在身心健康方面的权利实现，并获得有尊严的生活，是在当代社会落实母亲权利保障的重要任务。

（二）母亲权利的内容体系

母亲所享有的权利应该包括女性的一般权利，以及国家基于其母亲身份给予的特别保护。母亲的权利并非仅限定于法教义学上的某项具体权利，而是表征该主体基于其身份享有的多种权利所构成的权利束。这是一个综合性的内容体系，代表着一系列不同类型的权利，既包含整体视野下的集体重叠共识，也包含对于个体的多元价值尊重。其综合性以及体系性的面向相对于各项具体权利而言，所体现出的是在新时代背景下对于人权更加全面的认同和保护。[①]

就女性的权利而言，有学者从政治权利、健康权、文化教育权、劳动就业权、社会保障权、人身权、婚姻家庭权等角度进行概括。[②] 具体到母亲而言，生育和抚养行为应该是区分出这一类主体的主要标准。以时间为主轴，对母亲的保护措施应该涵盖从怀孕到生产再到育儿的阶段。有学者认为，如果将对女性身体健康的关注分为平时保护、经期保护、孕期保护、产期保护、哺乳期保护和更年期保护 6 个时段，那么与生育这一直接使女性拥有母亲

---

① 参见刘志强、闫乃鑫：《论作为人权的幸福生活权》，载《人权》2020 年第 6 期。

② 参见陈爱武：《新中国 70 年妇女人权保障之回顾与展望》，载《法律科学（西北政法大学学报）》2019 年第 5 期。

身份相关的特别保护应该包括孕期保护、产期保护、哺乳期保护。[①] 还有学者依据国际劳工组织第103号公约《保护生育公约》(1952年修订)[②]规定,认为法律给予母亲的特别保护应该包括女性在法定期间内所享有的产假权,不能出勤期间仍然享有请领工资、津贴、医疗给付、安全工作权(如职位调整与夜间工作问题)以及平等工作权等保障面向。[③]

结合既有法律规范体系,以及当下社会发展的新问题,母亲的权利体系应该重点关注对生育权、健康权、工作权和家庭领域平等权的保障。其一,生育一般是女性担任母亲角色的初始阶段。生育包括怀孕分娩,也包括阶段性的抚育。生育权保障是保护母亲的前提,也是促进人口生育政策具体落实的基础。其二,生育行为对女性的身心健康会造成极大影响甚至冲击,因此对母亲健康权的关注必然是母亲权利的重点。其三,随着女性劳动参与率的提高和离婚率的增加,越来越多的母亲开始加入就业市场。母亲的生理特征以及照顾儿童、老人等家庭传统分工使她们在就业市场上遭遇不利对待,比如怀孕求职被拒、拒绝母亲请假、母亲升职空间缩减甚至被解雇等"母职惩罚"现象。[④] 母亲面临的职场遭遇使得对母亲工作权的关注和保障极具现实意义。其四,女性在家庭领域的平等权保障同样值得关注。由于性别刻板印象的存在,女性尤其是即将或者已经成为母亲的女性比男性更

---

① 参见潘锦棠:《向公共家庭政策要妇女公平就业权利》,载《湖南师范大学社会科学学报》2015年第1期。

② ILO: Maternity Protection Convention (Revised) 1952. (No. 103)

③ 参见陈静慧:《欧盟母性保护制度之经验分析》,载《华冈法粹》第66期(2019年)。

④ 参见[美]玛莎·卡马拉斯:《以过往为序——新旧女性主义及其法律影响》,王新宇译,载《妇女研究论丛》2014年第1期。

容易中断工作或者辞职回归家庭，承担家务劳动和照顾子女的责任，但母亲承担的无报酬家务照料劳动却不被承认或者被严重低估。导致该问题的原因之一，在于性别工作差距所带来的机会成本差别，而这又加剧了性别不平等的恶性循环，即男性与女性不同的劳动力市场工资和机会影响了夫妻之间对于谁该回归家庭承担照料责任的决定，这又增加了男女之间的工作差距。① 老龄化社会的到来以及“三孩”政策的推进，使得该问题更加突出。

（三）母亲权利保障的国家义务

近代以来，随着社会化大生产和工业化的进程，西方国家开始以政府救济的形式给家庭提供医疗服务，直接针对生育行为发放现金津贴，采取提供社会化照料服务、设置家庭护理假等措施，并对单身母亲施以特别关照。国家由此承担起保护母亲权利的责任。“人权方法最重要的影响就是让政府负责。”②对于母亲所享有的权利体系，其构成和内容的证成具有必要性，而更重要的在于从国家义务和责任的角度分析该权利体系实现的方式和具体路径。国家义务可以规范和整合国家公权力的各种作用方式，使不同权利在各项工具的综合运用和相互协调之下实现整体效用的最大化，提升权利保护的实效性。“母亲权利—国家义务”则是“基本权利—国家义务”体系在该主体权利保护领域的运用。具体表现为以下几个方面：

1. 尊重的义务

基本权利最原始的核心功能即为防御权，即公民对抗国家不

---

① See Gillian Lester, *A Defense of Paid Family Leave*, 28 Harvard Journal of Law & Gender 1,20(2005).

② 邓海娟：《健康权的国家义务研究》，法律出版社2014年版，第34页。

当干预其自由和权利的功能。当国家试图侵害被基本权利所保障的法益时,公民可以请求国家停止侵害,且该请求可以得到司法上的支持。防御权功能相对应的国家义务是“不作为义务”或者“消极义务”[1],要求国家最大限度尊重公民权利和自由,其角色主要是尊重私人生活的安宁,厘清国家权力与个人自由的边界,让个人安然独处并对个人事务作出自主选择。具体而言,在生育方面,越来越多的女性主张对自己身体的掌控权和更多的生育自主权。国家不得干预女性对生育的自主决定,对人口结构的调整应依靠正方向的政策引导和激励措施,而非负方向的强制性措施,应为母亲在育儿与就业之间创造更多“选择自由”,尊重母亲基于其家庭环境和现实状况对子女开展教育活动的自主选择权,允许母亲根据具体情况自行处理其家庭内部的教育事宜。[2]在公共卫生服务方面,国家不得对母亲的身心健康状况和需要采取歧视性的做法,剥夺或者限制母亲得到预防、治疗和减轻痛苦的卫生服务的平等机会,不应限制母亲获得保持健康的途径和参与卫生健康领域的决策机会和资源。在就业方面,国家不得因为怀孕、生育、喂养、履行家长责任等行为而对母亲的职业选择和职业实现采取歧视性措施,或限制她们充分参与社会活动或者进入劳动力市场的机会。在家庭领域,不得忽视或低估母亲承担的家庭劳动的社会价值和经济价值;不得从法律角度格式化处理男女两性分工模式,进而放任家庭内部不平等的权利义务关系而实行不平等分工和责任分配,限制母亲争取时间和发展必需技能以参

① 参见张翔:《基本权利的双重性质》,载《法学研究》2005 年第 3 期。

② 参见邓静秋:《家庭教育促进法的宪法逻辑》,载《苏州大学学报(教育科学版)》2021 年第 4 期。

与更广泛的公共论坛决策的潜力。

2. 保护的义务

依照国家保护义务理论,当公民权利遭到其他私人主体侵害时,国家有义务采取积极有效的保护措施。换言之,保护义务的履行需要国家站在母亲的立场上,采取妥当措施保护母亲的各项权利免遭侵害。保护义务首要约束立法机关,因为立法是国家保护公民权利最重要且有效的方式,行政和司法机关主要通过正确适用相关规范履行其保护义务。立法机关既可以向权利被侵害方提供保护措施,也可以直接对侵害方采取监督、限制、禁止等干预措施。[①] 扶老携幼曾经更多依赖的是家庭,家庭内部的自助功能和家庭成员之间的代际互惠功能也得到现代法律的认可。但是在当代家庭日益核心化、传统功能减退的情况下,社会和国家承担了更多的责任。当母亲的生命健康、身体自由、平等就业权等受到其他家庭成员或者外部人员的侵害时,国家需要介入,为其提供保护使之免受来自第三人的侵害,并对侵害行为予以制裁,进而保护家庭成员之间的平等权利以及和谐稳定的家庭关系。

3. 实现的义务

为全面保障母亲权利的实现,国家应采取包括物质性给付、制度性保障、组织设立和运行、程序性保障等在内的一系列措施。具体而言,一是在国家法律和政策制定中充分承认母亲的各项权利,制订实现母亲权利保障的详细计划。在法律和政策制定中引入性别平等评估,从性别平等视角对法律和政策的制定以及实施进行评价和判断,评估法律政策是否直接或者间接地对母亲产生

① 参见陈征:《基本权利的国家保护义务功能》,载《法学研究》2008 年第 1 期。

不利的影响，并据以对法律政策作出必要的调整，从而避免、减少直至消除实际上对母亲的不利对待。[①] 二是在基本的权利—义务关系结构之外，通过组织系统的设置和完善，以及强化机构之间的职能协同，为国家义务的落实提供担保性和辅助性制度，提供有助于保障母亲权利的政府部门、公共卫生机构、基础设施以及专业人员。三是面向个人提供基本的法律程序保护，包括司法救济程序和公平公正的行政程序保障。值得关注的是女性因为婚育行为而遭受就业性别歧视的个案救济。应该完善该类案件中的司法审查基准，强化司法对于母亲平等就业权的救济功能，畅通母亲遭受就业歧视时的维权渠道，实现对女性劳动者的倾斜保护，获得兼具法律效果、社会效果和政治效果的裁判结果。[②]

---

① 参见夏吟兰：《民法典离婚家务劳动经济补偿制度完善的人权内涵》，载《人权研究》2020 年第 2 期。

② 参见王理万：《就业性别歧视案件的司法审查基准重构》，载《妇女研究论丛》2019 年第 2 期。

结　语

一、历史之鉴

传统婚姻是以父母为中心、以生育为主要功能的制度形式。婚姻的意义是建立双系抚育,并传宗接代,不仅具有家族之间的联姻和结盟的作用,而且还有一套相对完善的宗法礼教以及地方习俗进行约束。推动婚姻自由的原因主要包括宏观的社会环境和微观的个人因素。在宏观背景上,国家体制的改革和社会变迁无疑为个人追求婚姻自由提供了条件。从微观层面来讲,婚姻当事人的个体权利意识逐步崛起,在反对传统的包办婚姻过程中与父代进行了艰难的博弈,最终实现了婚姻自由选择、自由决策、自由缔结。随着传统婚姻瓦解以及自主型婚姻的形成,婚姻逐步走向“个体化”。婚姻不再受到来自外在力量的干预和传统宗法礼教的束缚,亲情感和归属感相对弱化,自主性增强,成为个体追求并享受幸福生活的一种方式。

宪法产生的最初目的在于规范政府权力不得为非,防止政府权力不当使用以至于侵犯个人权利。婚姻与每一个人的基本生活密切相关,曾长期受到宗教、封建王权的干预,因此个人对于婚姻自由的争取也是近代资产阶级革命斗争的重要内容,最终也由宪法将此斗争成果固定下来。近代宪法向现代宪法的转型,也使婚姻自由的内涵更加丰富。婚姻最早在宪法文本中被视为民事契约,承载着契约自由的意义和要求,强调对抗外界侵扰包括来自国家干预的面向,具有典型的自由权性质。当近代契约自由需要国家介入,在契约自由和契约正义、私法自治和国家干预之间寻找新的平衡时,婚姻这项契约也必然伴随着来自国家的干预。那么宪法所保障的婚姻自由,除了包括国家不予干涉的消极自由之外,还有在“社会国家”“福利国家”的背景下,从维护社会正义立场出发予以保障的积极自由,此时的婚姻自由具有典型的社会权性质。

在中国,婚姻自由并非自发生成,从理论到实践都得到了国家力量的支持和推动。这与中国古代的家国同构体制密切相关,实现婚姻自由与国家建构更具有深层次的内在关联。将个人从旧式家庭中解放出来,经由自主自愿的婚姻组建新的家庭,是摧毁封建宗法体制的重要任务。这也说明争取婚姻自由的斗争是革命斗争的一部分。国家通过革命斗争成立,也通过继续的革命斗争为人民的婚姻自由提供保护。而今,婚姻自由回归到个人本位,个人需要属于自己的情感空间,去获取真知,依附情感,发展个性。个人的自我探索、人格发展与学习和成长、心灵的休憩,都与婚姻关系中另一方主体互动关系密切,尤其思想意见表达的自由与同等尊重、与人成立亲密结合互相扶助、共同生活且不受干涉与侵扰的私领域空间等,这些都与个人的成长和人格完善密切相关。

二、规范诠释

宪法文本中的婚姻自由规范寄托着公民对于美好生活的期待和憧憬。婚姻自由是一项基本权利,即公民作为特定国家的成员而应该享有的与婚姻有关的最起码的权利,也可称其为婚姻权。我国宪法文本中的婚姻自由规范不局限在第 49 条第 4 款的"禁止破坏婚姻自由"这一句,而是应该从婚姻作为一个延续的状态,以及婚姻与家庭之间的密切联系来确定我国宪法文本中的婚姻自由规范。这也就需要我们在着重分析"禁止破坏婚姻自由"和"婚姻受国家的保护"这两个条文的同时,运用体系化的视角将婚姻自由置于整个第 49 条所呈现出来的婚姻、家庭生活的规范场景中来看待。

认识宪法中的婚姻概念要适当与部门法律中的婚姻概念相区隔。婚姻与人类繁荣和人类的共同善这样宏大的主题存在深刻的内在联系,而不仅仅是法律认可和安排的一种功能。笔者认为宪法上的婚姻是指两个单身的个体,以共同生活为目的,以双方自愿为前提,并获得国家认可的亲密结合。这一概念的界定保留了婚姻的核心要素,保持了高度的开放性,意在为实际生活中出现或者即将出现的新现象和新要求预留出充分的空间。婚姻自结婚至离婚,是一个动态发展的过程。因而婚姻自由的内涵就是结婚自由、婚姻关系的存续、双方个体权利的保护和离婚自由。

从体系解释角度来看,宪法上第 49 条主要包括三个方面的内容,即婚姻自由、家庭关系、特定家庭成员的保护。这三个方面之间存在一定的交叉,又有各自独立的部分。婚姻自由既然及于从结婚、婚姻关系的存续、离婚整个过程,那么从结婚到离婚之间,即整个婚姻的存续过程即为家庭这一实体。因此,婚姻自由存续中的内容与家庭规范的内容是有所重合的,比如都要求遵守男女平等的原则;也会与家庭成员之间关系产生冲突,需要对保护特定家庭成员与婚姻自由的内容进行平衡,对未成年子女的教养义务也是对婚姻自由构成限制的内容。将对婚姻自由的认识和理解置于整个婚姻、家庭的规范体系中,不仅是因为婚姻与家庭的紧密联系在规范上就有体现,这还关系到我们用何种价值立场来解释婚姻自由规范,以及给下位法的制定和解释提供何种价值指引。家庭观念及其关联的深层次的法理精神,具有坚韧而强大的凝聚力,是传统中国法文化中重要的价值资源。这样的亲情伦理也形塑着每一个人的精神世界和情感积淀,让家庭中的温情、呵护和关爱给每一个人带来幸福的生活体验。

三、未来展望

无论时代如何变化,经济社会如何发展,婚姻、家庭的生活依托和精神力量都不可替代。婚姻以及家庭的价值在当代中国社会更需要被珍视。抛弃婚姻家庭的价值,是不符合客观现实和社会发展规律的。宪法规范中的理想家庭生活图景具有维护伦理亲情的内在价值,内含了家庭对每一个人精神世界和情感积淀的形塑,以及对幸福生活的追求。从更深层次来讲,它诠释了何种生活方式更符合中国人的生活逻辑,符合民族生存和发展的规律。

随着科学技术发展带来先进的生育技术,婚姻所依附的生理基础越来越薄弱。离婚率上升、丁克家庭增多,还有同居试婚、无婚生育等的观念和现象在中国社会开始出现。新的生育技术为亲密结合关系的多样化提供了技术支持,婚姻的演变趋势在生育这个环节上由于有了新的生物科技支持而得到强化。因此,婚姻不再仅仅是传统的生儿育女、养老育幼、生活和生产的共同体,还成为通过婚姻关系满足和追求男女双方的情感需求、精神生活需求的共同体。也正因为如此,现代社会中出现了并非基于婚姻而形成的家庭形态,比如单亲家庭、未婚同居家庭、无子女家庭、数代同堂家庭等,而在以核心家庭的价值体系与伦理秩序为规范基础的现行婚姻法规范体系中,其他形态的家庭往往被忽视、否认甚至是遭到歧视,其法律权益因此也缺乏保障,甚至是被侵害。此外,追求经济效益最大化的"经济理性"进入家庭,个人中心主义在家庭中增多,导致结婚率下降、离婚率上升,家庭房产、继承、赡养等纠纷频发,家庭传统功能弱化。

就价值判断而言,宪法应该以积极而开放的态度容纳新技术给婚姻、家庭带来的新变化,但也需要用法治来防范和控制这一过程中的风险和非理性。婚姻家庭在本质上是一个伦理实体,其核心价值是关爱、责任、互惠、利他与奉献;其最终目的在于实现家庭人伦秩序的圆满维持和经营,实现家庭幸福安宁、实质正义与弱者保护,而非追求经济利益的最大化。

展望未来,宪法应该以宽容的态度对待多元化的生活形态。从宪法保护婚姻以维护个人人格自由发展、追求幸福生活和稳定社会关系的意旨来看,人们组成家庭的努力不应该受到法律秩序的拒绝,而是应该给予鼓励和保障的。应该在多元价值与宽容的理念下,去斟酌调整既有的法律思维与体系,让当下中国社会中的每一个公民获得更有意义和更有尊严的美好生活。

后　记

随着社会生活的发展和民众价值观念的变迁，婚姻观念和家庭生活事实都发生了巨大变化，婚姻制度本身和婚姻自由的宪法内涵面临诸多挑战。在此背景下，重温婚姻家庭的团体性价值和功能，彰显关爱、责任和奉献理念，尤为必要。我国《宪法》第 49 条是最具有温情的条文，它将制宪者对于社会主义文明家庭的美好期待寄托在其中，而新时代的“美好生活”最终需要由千家万户的幸福美满生活来体现。本书围绕《宪法》第 49 条展开，厘清婚姻、家庭等核心概念之间的关联，对婚姻自由的规范内涵进行体系化的建构，既兼顾婚姻家庭的传统价值，也充分回应时代变迁的需求。

行文至此，时光里的际遇与经历总是让人常怀感恩之心。本书乃笔者人生第二本学术著作。而本书的完成并非仅凭笔者一人之力,而是仰仗多人的点拨启发。回首过往的学术成长道路,许多师友毫无保留地给予了我帮助与支持。

感谢我的导师韩大元教授,是老师带我走进宪法学的殿堂,让我领略到学术的魅力,并指引我前行进步。老师高山仰止、怀瑾握瑜,我将永怀感恩之心。还要感谢我的硕士导师杨建顺教授,不弃愚钝,言传身教,悉心指导我在学术道路上更进一步,我也将永远铭记于心。

要感谢诸多好友在求学期间给予我的鼓励与关心,特别是好友吴思远、高鲁嘉、盛泽宇给予海外访学期间的帮助与陪伴,使我在紧张枯燥的学习之余收获了真诚的友谊。还有许多师友的帮助与支持,在此一并表示郑重的感谢。

本书的顺利出版离不开法律出版社分社长沈小英,以及杨大康、常锋编辑老师的大力支持与辛勤付出,对此深表谢意。

要特别感谢我的父母,他们义无反顾支持我漫长的求学之路。我愿把这本不成熟的书献给他们。

本书的出版是对自己过去多年来研究的总结,也是开启未来研究之路的中继站。学术之路,前路坎坷。但我充满期待、满怀热情,已经做好了迎接挑战的准备,不忘初心,坚持独立人格之思考,一如既往地以自己的开朗乐观去面对一切未知的挑战。

当然,限于本人的研究水平,本书内容必然有不成熟、欠妥当之处,还望出版后能够得到各位师友的批评指正。

邓静秋

谨识于北京外国语大学国内大厦

2023 年 2 月 22 日